SCHÄFFER
POESCHEL

Magnus Hindersmann / Gregor Nöcker

Tax Compliance

Anforderungen an ein innerbetriebliches Kontrollsystem

2019
Schäffer-Poeschel Verlag Stuttgart

Bibliografische Information der Deutschen Nationalbibliothek

Die Deutsche Nationalbibliothek verzeichnet diese Publikation in der Deutschen Nationalbibliografie; detaillierte bibliografische Daten sind im Internet über http://dnb.dnb.de abrufbar.

Print:	ISBN 978-3-7910-4173-5	Bestell-Nr. 13012-0001
ePub:	ISBN 978-3-7910-4175-9	Bestell-Nr. 13012-0150
ePDF:	ISBN 978-3-7910-4174-2	Bestell-Nr. 13012-0100

Magnus Hindersmann / Gregor Nöcker
Tax Compliance
1. Auflage, März 2019

www.schaeffer-poeschel.de
service@schaeffer-poeschel.de

Bildnachweis (Cover): shutterstock.com

Produktmanagement: Steinleitner, Rudolf
Lektorat: Steuern II

Schäffer-Poeschel Verlag Stuttgart
Ein Unternehmen der Haufe Group

Ihr Online-Material zum Buch

Im Online-Bereich stehen für Buchkäufer die Checklisten aus Teil III und die »Hinweise der Bundessteuerberaterkammer für ein steuerliches innerbetriebliches Kontrollsystem – Steuer-IKS« zur Verfügung.

So funktioniert Ihr Zugang

1. Gehen Sie auf das Portal sp-mybook.de und geben den Buchcode ein, um auf die Internetseite zum Buch zu gelangen.
2. Oder scannen Sie den QR-Code mit Ihrem Smartphone oder Tablet, um direkt auf die Startseite zu kommen.

SP myBook:
www.sp-mybook.de
Buchcode: 4173-Tcomp

Kostenlos mobil weiterlesen! So einfach geht's:

1. Kostenlose App installieren

2. Zuletzt gelesene Buchseite scannen

3. Ein Viertel des Buchs ab gescannter Seite mobil weiterlesen

4. Bequem zurück zum Buch durch Druck-Seitenzahlen in der App

Inhaltsverzeichnis

Vorwort

Unternehmer machen Geschäfte und wollen ihren Gewinn maximieren. Steuern spielen dabei eher eine Art Nebenrolle. Sie sind Kosten, die es zu minimieren gilt, soweit man überhaupt an sie denkt. Anders als für die steuerlichen Berater oder die Finanzverwaltung werden steuerliche Fragen in kleinen und mittleren Unternehmen deshalb nicht immer mit der nötigen Sorgfalt vom Unternehmer und seinen Mitarbeitern beachtet. Kommt es zu einer steuerlichen Prüfung, kann sich dies rächen. Auch ohne absichtlich begangene Fehler drohen Strafe und Buße.

Tax Compliance Systeme (Tax CMS) scheinen eine Art Lösung zu sein. Werden sie im Unternehmen eingeführt und auch gelebt, könnte die Finanzverwaltung vorhandene Pflichtverletzungen im steuerlichen Bereich als schuldlos ansehen. Jedenfalls spricht sie in Tz. 2.6 AEAO zu § 153 davon, dass ein internes Kontrollsystem (IKS) ein Indiz dafür sein könnte. Wie sich das IKS vom Tax CMS unterscheidet, was wirklich in kleinen und mittleren Unternehmen nötig und machbar ist, wie der steuerliche Berater helfen kann und welche Instrumente denkbar sind – all das erschließt sich nicht auf Anhieb.

Eine wertvolle Hilfestellung, damit der Berater, aber auch der steuerlich interessierte Unternehmer die Notwendigkeit und Sinnhaftigkeit der Einführung eines Tax CMS einschätzen kann, gibt das vorliegende Buch. Es zeigt auf, welche Fehler zu vermeiden sind, wie Kontrollen sinnvoll angewandt werden und wie der Berater eingebunden sein kann. Zahlreiche Checklisten und Anlagen ergänzen und runden es ab und helfen, einen schnellen Einstieg in wichtige Teilaspekte zu bekommen.

Osnabrück, Januar 2019

Magnus Hindersmann
Gregor Nöcker

Abkürzungsverzeichnis

Abs.	Absatz
AG	Aktiengesellschaft
AO	Abgabenordnung
AO-StB	AO-Steuerberater (Zeitschrift)
AEAO	Anwendungserlass zur Abgabenordnung
AStBV (St)	Anweisungen für das Straf- und Bußgeldverfahren (Steuer)
BB	Betriebsberater (Zeitschrift)
BBK	Betrieb und Rechnungswesen (Zeitschrift)
BA	Betriebsausgaben
BE	Betriebseinnahmen
BFH	Bundesfinanzhof
BFHE	Bundesfinanzhof Entscheidungssammlung
BFH/NV	Sammlung nicht veröffentlichter Entscheidungen des BFH
BGBl	Bundesgesetzblatt
BGH	Bundesgerichtshof
BMF	Bundesministerium der Finanzen
BpO	Betriebsprüfungsordnung
BStBK	Bundessteuerberaterkammer
BStBl	Bundessteuerblatt
BT-Drs.	Bundestagsdrucksache
Bustra	Bußgeld- und Strafsachenstelle
CFO	Chief Financial Officer
CMS	Compliance-Management-System
DB	Der Betrieb (Zeitschrift)
DStR	Deutsches Steuerrecht (Zeitschrift)
DStZ	Deutsche Steuerzeitung (Zeitschrift)
EGAO	Einführungsgesetz zur Abgabenordnung
EstG	Einkommensteuergesetz
FG	Finanzgericht

FGO	Finanzgerichtsordnung
FR	Finanzrundschau (Zeitschrift)
ggf.	gegebenenfalls
GmbH-StB	(Zeitschrift)
GoB	Grundsätze ordnungsmäßiger Buchführung
GoBD	Grundsätze zur ordnungsmäßigen Führung und Aufbewahrung von Büchern, Aufzeichnungen und Unterlagen in elektronischer Form sowie zum Datenzugriff
HGB	Handelsgesetzbuch
IDW	Institut der Wirtschaftsprüfer
i. S. d.	im Sinne der/des
i. V. m.	in Verbindung mit
IKS	Innerbetriebliches Kontrollsystem
KapG	Kapitalgesellschaft
KonTraG	Gesetz zur Kontrolle und Transparenz im Unternehmensbericht
N.N.	nicht nominiert
NWB	Neue Wirtschaftbriefe (Zeitschrift)
OWiG	Gesetz über Ordnungswidrigkeiten
RMS	Risikomanagementsystem
Rz.	Randziffer
s.	siehe
S.	Seite
SRP	Summarische Risikoprüfung
StBerG	Steuerberatungsgesetz
StBp	Die steuerliche Betriebsprüfung (Zeitschrift)
StPO	Strafprozessordnung
TCO	Tax Compliance Officer
Tz.	Textziffer
u. a.	unter anderem
UstG	Umsatzsteuergesetz
vgl.	vergleiche
z. B.	zum Beispiel

Teil I: Tax Compliance – sinnvoll und nötig?

1 Einleitung

Tax Compliance ist in aller Munde. Man kann den Eindruck gewinnen, dass es als eine Art Allheilmittel gesehen wird, die verantwortlichen Personen im Unternehmen vor Strafe und Buße zu bewahren, wenn etwas im steuerlichen Bereich falsch gelaufen, aber nicht absichtlich falsch behandelt worden ist. Als Berater solcher Unternehmer merkt man erst dann, wenn die Finanzverwaltung mittels Betriebs- oder gar Steuerfahndungsprüfung das Unternehmen untersucht, welche Art von Mandant man da eigentlich betreut. Zwar ist auch die Mehrzahl der Unternehmer der Ansicht, dass Steuern bezahlt werden sollen, jedoch sollte dies möglichst effektiv und damit kostengünstig geschehen. Der Steuerberater hat im Rahmen der Aufstellung des Jahresabschlusses deshalb nicht nur den steuerlich relevanten Gewinn zu minimieren, sondern darüber hinaus auch Gestaltungen aufzuzeigen, die die Steuerlast weiter reduzieren helfen.

Als Berater freut man sich, wenn der Unternehmer bzw. seine für solche Fragen zuständigen Mitarbeiter die Zeit finden, das Unternehmen in seiner Organisation einschließlich der Ablauforganisation zu beschreiben, um unter Beachtung der sich dabei andeutenden steuerlichen Risiken geeignete steuerliche Maßnahmen zu entwickeln. Denn Steuern stellen zwar generell einen nicht zu unterschätzenden Kostenfaktor dar, in vielen Unternehmen spielen sie dennoch eine Nebenrolle und werden unterjährig entsprechend stiefmütterlich behandelt. Der Unternehmer und seine Mitarbeiter machen Geschäfte und hoffen, steuerlich einigermaßen korrekt zu bleiben.

Aufgeschreckt durch eine Änderung des Anwendungserlasses zur Abgabenordnung (AEAO) zu § 153 AO und die nachfolgenden zahlreichenden Beiträge in der Fachliteratur sowie die entsprechenden Vortragsveranstaltungen, werden nun in Unternehmen Tax-Compliance-Systeme eingeführt, die helfen sollen, ggf. vorhandene Pflichtverletzungen im steuerlichen Bereich schuldlos erscheinen zu lassen. Schließlich geht die Finanzverwaltung in Tz 2.6 AEAO zu § 153 davon aus, dass ein implementiertes und gelebtes steuerliches internes Kontrollsystem ein Indiz dafür sein könne, dass steuerliche Pflichtverletzungen weder vorsätzlich noch fahrlässig begangen worden seien.

Ob eine solche Folgenlosigkeit überhaupt denkbar ist, soll ebenso wie Fragen rund um die daneben bestehende steuerliche Haftung der handelnden Personen dargestellt werden. Auch werden die im Anhang abgedruckten Hinweise der Bundesteuerberaterkammer nebst Beispielen für ein steuerliches innerbetriebliches Kontrollsystem (Steuer-IKS) behandelt. Das vorliegende Buch, dessen kritische Grundeinstellung zum Tax Compliance sicherlich schnell deutlich wird, möchte den Berater von kleinen und mittleren Unternehmen darin unterstützen, die mediale und fachliche Aufmerksamkeit für Tax-

Compliance-Management-Systeme (Tax CMS) zu nutzen, um im Rahmen vorausschauender Beratung die Wichtigkeit von Steuern im unternehmerischen Alltag eindringlich zu betonen. Insoweit sollen (einfache) Instrumente aufgezeigt werden, mit denen der Berater wie auch der Unternehmer steuerliche Risiken erkennen und steuern können. Nur so wird sichergestellt, dass das Thema Steuern nicht zu kostenträchtig wird.

2 Betriebswirtschaftliche Befassung mit (steuer-)rechtlichen Risiken

2.1 KonTraG als Reaktion auf Managementfehler

Als Folge zahlreicher Managementfehler größerer Unternehmen wie der Balsam AG, Metallgesellschaft AG oder Holzmann AG kam es mit dem Inkrafttreten des Gesetzes zur Kontrolle und Transparenz im Unternehmensbereich (KonTraG) am 01.05.1998 dazu, dass seitdem auch die Unternehmensleitung gehalten ist, Geschäftsführungsinstrumente zu schaffen, die die Effizienz der »Corporate Governance« erhöhen. Dabei verlangten nicht nur der Anlegerschutz, sondern auch die zunehmende Komplexität des Geschäftsbetriebs neben der Festlegung von Unternehmenszielen und ihrer Realisierung mittels Strategieplanung die Schaffung eines wirksamen Risikomanagements und -controllings. Nur so sollte es gelingen, frühzeitig die ggf. nachteiligen Entwicklungen im Unternehmen zu erkennen und gegenzusteuern.

Erstmals verlangte der Gesetzgeber im KonTraG die Einführung eines Risikomanagementsystems (RMS). In § 91 Abs. 2 AktG heißt es seitdem:

»Der Vorstand hat geeignete Maßnahmen zu treffen, insbesondere ein Überwachungssystem einzurichten, damit den Fortbestand der Gesellschaft gefährdende Entwicklungen früh erkannt werden.«

Zwar betrifft § 91 Abs. 2 AktG und damit die Pflicht zur Einrichtung eines RMS nur börsennotierte Aktiengesellschaften, doch bestehen viele, wenn nicht die meisten Risiken auch in anderen Unternehmen, unabhängig von ihrer Größe und Marktstellung. Dies macht auch die Gesetzesbegründung zu § 91 Abs. 2 AktG deutlich:

›Zu den den Fortbestand der Gesellschaft gefährdenden Entwicklungen gehören insbesondere risikobehaftete Geschäfte, Unrichtigkeiten der Rechnungslegung, Verstoß gegen gesetzliche Vorschriften, die sich auf die Vermögens-, Finanz- und Ertragslage der Gesellschaft oder des Konzerns wesentlich auswirken. Die Maßnahmen interner Überwachung sollen so eingerichtet sein, dass solche Entwicklungen frühzeitig, also zu einem Zeitpunkt erkannt werden, in dem noch geeignete Maßnahmen zur Sicherung des Fortbestands der Gesellschaft ergriffen werden können.‹

Die Einrichtung eines solchen Risikomanagements war neben der Dokumentation der (an sich) bekannten Risiken im Unternehmen der Wunsch des Gesetzgebers, um alle Mitarbeiter in eine Risikokultur einzubeziehen. Fragebogen und Risikohandbuch sind bis heute (erste) Maßnahmen, um der Unternehmensleitung diese Risiken transparent und kontrollierbar zu machen (weiterführend: Behre/Nöcker, BBK 2000, 531).

2.2 Komplexität von Rechtsgebieten betriebswirtschaftlich steuern

Teil des Risikomanagementsystems ist neben einem Frühwarnsystem und einem internen Überwachungssystem (dessen Teil die interne Revision ist) das Controlling (so Lück, DB 1998, 8 (9)). Dieses soll im Rahmen von Planung, Steuerung und Kontrolle auch der Informationsversorgung dienen. Dass eine solche Informationsversorgung gerade im Bereich von komplexen Rechtsgebieten zwingend nötig erscheint, um die damit verbundenen Risiken steuern zu können, zeigt schon die Einrichtung etwa eines Vertragscontrollings im Unternehmen. Denn es gibt nichts Ärgerlicheres, als für Verträge zu zahlen, die eigentlich nicht mehr binden. Hier bedarf es manchmal, gerade in mittleren Unternehmen, nur einer ordentlichen Organisation, die hilft, die einzelnen Verträge zu erfassen und zu beachten.

Dabei kommt es zunächst meist darauf an, schnell und effektiv mit wenigen Maßnahmen ein solches Vertragscontrolling aufzubauen, das im Rahmen seiner späteren Handhabung nicht nur weiter ausgefeilt werden, sondern mit der Zeit auch IT-unterstützt arbeiten kann.

Gerade zu Beginn der Implementierung eines solchen Systems helfen einfache Controlling-Werkzeuge, so etwa

- die Registrierung jedes Vertrags,
- das Anlegen von Vertragsakten,
- die Schaffung eines Vertragsblatts mit allen wesentlichen Daten,
- das Führen von Entnahmelisten,
- die Einführung eines Wiedervorlagesystems,
- das Festlegen eines Prüfungsumfangs,
- die Implementierung eines Berichtswesens

sowie die Gestaltung von

- Vertragschecklisten und
- Standardverträgen

(weiterführend: Nöcker, BBK 2002, 569).

Diese einfachen Werkzeuge machen deutlich, worum es betriebswirtschaftlich in vielen Unternehmen, unabhängig von ihrer Größe und der Pflicht zum Aufbau eines Risikomanagementsystems, geht: **Rechtliche Risiken erkennen, erfassen und nicht vergessen.** Dabei gilt: Je einfacher die Werkzeuge, desto effektiver das System.

2.3 Steuercontrolling als Vorstufe zur Tax Compliance

Das zum Vertragscontrolling Gesagte gilt erst recht für ein Risikomanagementsystem, welches den steuerlichen Bereich erfassen und steuern will. Es baut auf einem effektiven Steuercontrolling auf, welches seinerseits vor allem deutlich machen muss, welche Bereiche des Unternehmens wie steuerlich relevant sein können.

In der unternehmerischen Praxis heißt es häufig, Umsatz und Gewinn zu maximieren und Kosten zu minimieren. Beides führt nicht notwendigerweise dazu, dass bereits die im Unternehmen Handelnden die jeweiligen steuerlichen Folgen der hierfür nötigen Maßnahmen überdenken. Anders als vielfach angenommen, wird die Frage, wie hoch die Steuern für den Gewinn sind, erst im Rahmen der Aufstellung des Jahresabschlusses problematisiert. Dies kann ggf. ein Zeitpunkt sein, in dem es schlicht zu spät ist, noch steuerlich gesehen gegenzusteuern. Ein sog. »Steuercontrolling«, welches sich in irgendeiner Art und Weise mit der Frage der Steuerung unter steuerlichen Gesichtspunkten befasst, ist häufig noch wenig bekannt. Dabei sind gerade Steuern in Bezug auf unternehmerische Maßnahmen nicht unwichtig.

Steuern, legaldefiniert in § 3 AO, sind ein Teil der in § 33 FGO genannten Abgaben, für die unter dem Aspekt des gerichtlichen Rechtsschutzes die Finanzgerichtsbarkeit allerdings nur teilweise zuständig ist. Im Rahmen unternehmerischen Handelns gehören zu den Steuern und auch anderen Abgaben häufig:

- Zölle und Verbrauchsteuern (etwa Strom- und Energiesteuern),
- Ertragsteuern (Einkommen- und Körperschaftsteuer) sowie zusätzlich die Gewerbesteuer,
- Umsatzsteuer,
- Kfz-Steuern,
- Grundsteuer,
- IHK-Abgabe und kommunale Steuern und
- ggf. (je nach Sichtweise) auch die Sozialabgaben.

Soweit man ein »**Steuercontrolling**« anstrebt, geht es deshalb darum, diese Steuern und Abgaben zu controllen, also zu steuern und damit die zusammenhängenden Funktionen von Steuern und unternehmerischen Maßnahmen wie auch das Verhältnis hieraus zum Umfeld des Unternehmens zu erfassen. Dieses Umfeld oder die ein Unternehmen umfassende Umwelt ist dabei nicht nur die Finanzverwaltung, welche regelmäßig im Rahmen von Betriebsprüfungen in das Unternehmen hineinwirkt und nachträglich, meist nach drei Jahren, überprüft, ob die steuerliche Behandlung der Vorgänge korrekt erfolgte. Auch die Kunden, Lieferanten, Arbeitnehmer und Konkurrenten sind Handelnde, die auch unter steuerlichen Gesichtspunkten beurteilt werden sollten.

Der Begriff des »Steuercontrollings« selbst ist derzeit nicht einheitlich geregelt. Vielmehr herrscht ein Begriffswirrwarr vor. Zum einen dient dieser Begriff immer noch als eine Art Modebegriff für Steuergestaltungen durch die Steuerabteilung wie auch durch steuerliche externe Berater, insbesondere Steuerberater und Wirtschaftsprüfer. Gerade Letztere verstehen aber auch schlicht eine Art «Tax-Reporting-System« schon als Steuercontrolling. Schließlich müssen sie bei der Aufstellung von Handelsbilanzen sog. latente Steuern beachten – Abweichungen zwischen Handels- und Steuerbilanz in Höhe der dadurch entstehenden Steuern. Andere verstehen unter dem Begriff des »Steuercontrollings« allein die Einbeziehung von Unternehmenssteuern in das normale Kostencontrolling oder eine Kombination von Steuerkontrolle, -verwaltung und -planung. Auch das Risikomanagement im Bereich von Steuern wird so umschrieben.

Abstrakt beschrieben hat Steuercontrolling das Folgende zu leisten: »Das Steuercontrolling, als Element der allgemeinen Controllingfunktion, sucht durch Koordination des Führungssystems erfolgssichernd und zielsystemkonform dessen optimale Anpassungsfähigkeit an das hoheitliche Steuersystem zu erzielen« (so Herzig/Zimmermann, DB 1998, 1141 (1150).

Konkret meint Steuercontrolling m. E. nach damit insbesondere die Bereitstellung eines Systems für das Unternehmen, welches Informationen über Steuern sammelt und steuerliche Zusammenhänge erkennen hilft.

Dazu bedarf es der steuerlichen Erst- und Fortbildung von Mitarbeitern, aber auch der Geschäftsleitung des Unternehmens. Die effektive Arbeit ist von der Steuerabteilung unter steuerlichen Gesichtspunkten zu kontrollieren, um rechtzeitig Hilfestellungen anbieten zu können. Insgesamt ist sicherlich eine Schärfung des steuerlichen Problembewusstseins im Unternehmen anzustreben. Deshalb sollte eine Art Risikomanagement in steuerlicher Hinsicht helfen, relevante Bereiche zu controllen.

Als ersten Schritt in diese Richtung gilt es den folgenden Fragenkatalog abzuarbeiten:

- Welche Abteilungen bzw. Mitarbeiter haben mit Steuern und Abgaben zu tun (Steuerabteilung, Immobilienabteilung w/Grundsteuern, Logistik w/Zoll und Einfuhrumsatzsteuer …)

- Welche Informationen stellt das Rechnungswesen bereit und welche nicht? Welche sind relevant?
- Welche Tatbestände sind steuerlich interessant (etwa für Verrechnungspreise)?
- Welche steuerlichen Risiken bestehen?
- Wer stellt die steuerlichen Risiken fest?
- Wem werden die steuerlichen Risiken berichtet?
- Wer erhält wie und wann Informationen über Steuern in Erst- bzw. Fortbildung?
- Wer erhält wie und wann relevante steuerliche Neuerungen bekannt gegeben?
- Wann und wie werden steuerliche Neuerungen mit Relevanz für das Unternehmen in Verbindung gebracht?
- Welche steuerlichen Grundsätze gelten für das Unternehmen und warum?
- Wann sind Steuerplanungen, etwa bzgl. Rechtsformwahl oder Standortwahl, vorzunehmen und zu überprüfen?
- Wann werden Investitions- bzw. Finanzrechnungen unter steuerlichen Gesichtspunkten vorgenommen und wann überprüft?
- Welche Informationen sind für steuerliche Zwecke wie relevant?
- Wer legt die Relevanz fest und wer überprüft sie?
- Wer beobachtet die (Steuer-)Gesetzgebung, Verwaltung und die Rechtsprechung und wer hält wie Kontakt zu diesen?

Die so gewonnenen steuerlichen Informationen sind Controlling-Instrumenten zuzuordnen. Denkbare **Controlling-Instrumente** könnten, jedenfalls in kleinen und mittleren Unternehmen, sein:

Eingesetztes Controlling-Instrument	**Ziel**
»Steuerblatt« als Info-Papier zur Erfassung steuerlich relevanter Verträge und Vorgänge erstellen	Steuerlich relevante Vorgänge abteilungs- und mitarbeiterbezogen konkretisieren; steuerliches Berichtswesen einrichten
Steuerchecklisten entwickeln	Steuerliche Folgen des unternehmerischen Handelns darstellen, Beachtensregeln in Merkblättern darlegen und steuerliche Neuerungen bekanntmachen
Steuerliches Wiedervorlagesystem einrichten	Regelmäßige Überprüfung steuerlich relevanter Vorgänge im Unternehmen in zeitlicher Hinsicht vornehmen
ABC-Analyse Steuern durchführen	Steuerliche Relevanz der Geschäftsfälle festlegen und gewichtende Prüfung vornehmen

Eingesetztes Controlling-Instrument	Ziel
Risikoanalyse im Bereich Steuern (regelmäßig) überdenken	Kompetenz zur Einschätzung steuerlicher Risiken festlegen und regelmäßig überprüfen; steuerliches Berichtswesen analysieren
Kompetenzen in Bezug auf die steuerliche Umgebung des Unternehmens regeln	Analyse und Beobachtung von Gesetzgebung, Verwaltung und Rechtsprechung festlegen (einschließlich des Fortbildungsbedarfs); Festlegung von Ansprechpartnern für Externe

2.4 Verhältnis von RMS und Controlling zu Compliance

Der IDW Prüfstandard (PS) 980 beschreibt in Tz 6 ein CMS als »die auf der Grundlage der von den gesetzlichen Vertretern festgelegten Ziele eingeführten Grundsätze [...] und Maßnahmen eines Unternehmens, die auf die Sicherstellung eines regelkonformen Verhaltens der gesetzlichen Vertreter und Mitarbeiter des Unternehmens sowie ggf. Dritte abzielen, d. h. auf die Einhaltung bestimmter Regeln und damit auf die Verhinderung von wesentlichen Verstößen (Regelverstöße).«

Ausgehend vom Begriff des »Compliance«, der im Deutschen eigentlich nur die »Regelkonformität« als Handlungsmuster des Unternehmens, des Unternehmers und seiner Mitarbeiter bezeichnet, sollen die Gesetze wie auch interne bindende Regelungen (auch) beachtet werden. Gleichzeitig gewährleistet dies eine gesellschaftliche Akzeptanz entsprechend der Moral und Ethik (vgl. nur Graumann, Controlling, 707).

Diese Gesetzesbefolgung soll (aktiv) strategisch gewollt und durchgeführt werden, und zwar mit einem Sicherungs- oder Kontrollsystem, welches vor Gesetzesverstößen und den damit einhergehenden Konsequenzen schützen soll (Heuel/Konken, AO-StB 2017, 345, m. w. N.).

Teil des CMS ist das Risikomanagementsystem (RMS), dessen Teil wiederum das Controlling ist.

Der wohl entscheidende Unterschied zwischen CMS und RMS ist dabei die »Werthaltigkeit« i. e. S. Während das RMS lediglich dazu dient, Risiken aufzuzeigen, soll das CMS darüber hinaus sicherstellen, dass die aufgedeckten Risiken stets zur Gesetzestreue hin betrachtet werden.

Im Fall von Steuern bedeutet dies, dass das **Tax RMS** die Steuerrisiken aufzeigen und vermeiden soll, um so negative Auswirkungen für das Unternehmen zu verhindern. Insoweit kann etwa auch gesetzmäßige Steuererhebung dem Tax RMS widersprechen. Das **Tax CMS** will darüber hinaus aber gerade sicherstellen, dass das Unternehmen gesetzes- (und regel-)konform handelt (vgl. insoweit nur Streck/Binnewies, DStR 2009, 229).

Der Begriff des Compliance, wie ihn die Finanzverwaltung versteht, entspricht dem Tax Compliance der Beraterschaft nicht.

Die Finanzverwaltung wendet Tax Compliance im Rahmen ihres Risikomanagementsystems (§ 88 Abs. 5 AO) so an, dass sie dem kooperationsbereiten Steuerpflichtigen insbesondere den Anreiz gibt, ihn weniger streng zu kontrollieren. Dabei geht sie von einer Art Doppelstrategie aus:

»Mehr Service für den rechtstreuen Stpfl., zum anderen aber eine zuverlässigere Sanktionierung unehrlichen Verhaltens« (vgl. nur Seer in Tipke/Kruse, AO/FGO, § 85 AO Rz 28, m. w. N.).

Somit dient Tax Compliance, wie es von der Finanzverwaltung verstanden wird, dazu »den Steuerpflichtigen zu einer verbesserten Einhaltung der Steuergesetze zu motivieren, den Kontrollbedarf im Einzelfall dadurch nachhaltig zu senken und zur Steigerung der Effektivität des Gesetzesvollzugs beizutragen« (Nagel/Waza, DStZ 2008, 321, 323). Dies ist letztlich Folge des ebenfalls anderen Verständnisses der Finanzverwaltung vom RMS. § 88 Abs. 5 AO besagt nämlich:

»Die Finanzbehörden können zur Beurteilung der Notwendigkeit weiterer Ermittlungen und Prüfungen für eine gleichmäßige und gesetzmäßige Festsetzung von Steuern und Steuervergütungen sowie Anrechnung von Steuerabzugsbeträgen und Vorauszahlungen automationsgestützte Systeme einsetzen (Risikomanagementsysteme). Dabei soll auch der Grundsatz der Wirtschaftlichkeit der Verwaltung berücksichtigt werden. Das **Risikomanagementsystem** muss mindestens folgende **Anforderungen** erfüllen:

1. die Gewährleistung, dass durch Zufallsauswahl eine hinreichende Anzahl von Fällen zur umfassenden Prüfung durch Amtsträger ausgewählt wird,
2. die Prüfung der als prüfungsbedürftig ausgesteuerten Sachverhalte durch Amtsträger,
3. die Gewährleistung, dass Amtsträger Fälle für eine umfassende Prüfung auswählen können,
4. die regelmäßige Überprüfung der Risikomanagementsysteme auf ihre Zielerfüllung.

Einzelheiten der Risikomanagementsysteme dürfen nicht veröffentlicht werden, soweit dies die Gleichmäßigkeit und Gesetzmäßigkeit der Besteuerung gefährden könnte. (...)«

Das RMS der Finanzverwaltung dient dabei der risikogesteuerten und damit effektiven Prüfung der Steuerpflichtigen in Zeiten knapper Verwaltungsressourcen (vgl. weiterführend: Seer in Tipke/Kruse, AO/FGO, § 88 AO Rz 68 ff.). Die **Ziele des RMS der Finanzverwaltung** sind nach der Gesetzesbegründung (BT-Drs. 18/7457, 69):

- Steuerverkürzungen zu verhindern und damit präventiv zu wirken,
- gezielt Betrugsfälle aufzudecken, zumindest aber die Chance ihrer Aufdeckung zu erhöhen,
- die individuelle Fallbearbeitung durch Amtsträger durch eine risikoorientierte Steuerung der Bearbeitung zu optimieren,
- die Bearbeitungsqualität durch Standardisierung der Arbeitsabläufe bei umfassender Automationsunterstützung nachhaltig zu verbessern und
- qualitativ hochwertige Rechtsanwendung durch bundeseinheitlich abgestimmte Vorgaben gleichmäßig zu gestalten; diese Vorgaben sollen auch regionale Besonderheiten berücksichtigen können.

3 Tax Compliance – Allheilmittel bei Steuerverfehlungen?

3.1 CMS schützt vor Strafe (nicht)?

Obwohl es keine Pflicht zur Einrichtung eines Tax CMS gibt, gewinnt man in den letzten Jahren den Eindruck, dass eine solche Verpflichtung existiert. Schließlich will der Unternehmer bzw. wollen die im Unternehmen Verantwortlichen sichergehen, dass steuerliche Fehler nicht gleich strafrechtliche oder bußgeldrechtliche Konsequenzen nach sich ziehen. Deshalb nehmen viele Steuerpflichtige dankbar zur Kenntnis, wenn in der steuer(straf-)rechtlichen Literatur die Ansicht vertreten wird, dass ein Tax CMS »im Rahmen der Würdigung der Gesamtumstände zwingend eine indizielle Wirkung hat«, so etwa Heuel/Konken, AO-StB 2017, 345 (346) unter Hinweis auf Schwedhelm, GmbH-StB 2017, 83 (86)). In diese Richtung scheint auch der BGH zu denken, wenn er in seinem Urteil vom 09.05.2017 (1 StR 265/16, wistra 2017, 390) ausführt, dass ein gut organisiertes Compliance-System im Einzelfall zugunsten des Unternehmens bei der Bemessung einer Unternehmensgeldbuße nach § 30 OWiG zu berücksichtigen sei.

Doch gerade dieses BGH-Urteil macht deutlich, dass in Bezug auf ein Tax CMS kein Automatismus gegeben ist.

Ein Tax CMS kann lediglich helfen, steuerliche Fehler aufzudecken und zu vermeiden, so dass es gar nicht zu einem steuerstrafrechtlichen oder bußgeldrechtlichen Verfahren kommen kann. Ein Allheilmittel, um dem Unternehmer bzw. der Unternehmensleitung »Straffreiheit« zu garantieren, ist auch ein noch so gut organisiertes Tax CMS nicht.

Etwas anderes ergibt sich auch nicht aus der Regelung im AEAO zu § 153 in Nr. 2.6. Zum einen spricht der BMF dort nicht vom Tax CMS, sondern von einem »innerbetrieblichen Kontrollsystem [...], das der Erfüllung der steuerlichen Pflichten dient«. Zum anderen handelt es sich bei der AEAO zu § 153 um eine bloße Verwaltungsvorschrift, die intern der Finanzverwaltung helfen soll, zwischen der einfachen Berichtigungsanzeige nach § 153 AO und der Selbstanzeige nach § 371 AO zu unterscheiden. Weder die Staatsanwaltschaft noch die zuständigen Gerichte (Straf- wie Finanzgerichte) sind an die dort gemachte Beurteilung gebunden. Aber auch die Finanzverwaltung, insbesondere die jeweils zuständigen Finanzämter (Festsetzungs- und Feststellungs- wie Prüfungsfinanzämter) sind insoweit nicht zwingend gebunden. Vielmehr ist auch nach der AEAO zu § 153 in Nr. 2.6 der jeweilige Einzelfall zu betrachten. Eine automatische Rechtssicherheit bei Einführung eines Tax CMS existiert nicht (so schon Erdbrügger/Jehke, BB 2016, 2455 (2458)).

In der praktischen Handhabung der Beurteilung von Vorsatz erscheint die Einrichtung eines ernsthaft gelebten Tax CMS jedoch geeignet, nicht nur Fehler intern aufzudecken und zu verhindern, sondern auch deutlich zu machen, dass das Unternehmen steuerlich korrekt handeln wollte. Fehler, die dennoch geschehen sind, könnten dann eher als nicht vorsätzlich begangen anzusehen sein. Ein solches Tax CMS lebt somit von der anzunehmenden Ehrlichkeit des Unternehmers und seines Unternehmens auch in steuerlichen Angelegenheiten. Klare Richtlinien bei ausreichend zur Verfügung gestellten Ressourcen wie auch die Art und Weise der Kommunikation mit der Finanzverwaltung können dies deutlich machen (so Krumm in Tipke/Kruse, AO/FGO, § 370 AO Rz 135, auch m. w. N. zur Frage des Wegfalls eines bedingten Vorsatzes).

3.2 Selbstanzeige versus steuerliche Berichtigungsanzeige

Durch das Schwarzgeldbekämpfungsgesetz vom 28.04.2011 (BGBl I 2011, 676) hat der Gesetzgeber die Teilselbstanzeige abgeschafft. Bis dahin war aufgrund der Teilselbstanzeige die Abgrenzung von der bloßen Berichtigungserklärung nach § 153 AO nur für die Frage des Vorliegens von Ausschlussgründen nach § 371 Abs. 2 AO und der Festsetzung von Hinterziehungszinsen nach 235 AO relevant. Seitdem können jedoch schon geringfügige Fehler in der Nacherklärung des Berichtigungszeitraums zu einer Unwirksamkeit der gesamten Selbstanzeige führen (vgl. nur Weber, DWS-Merkblatt Nr. 1721, 1).

Folglich kommt es nun entscheidend auf die **Qualifikation der Nacherklärung** an:
- eine vorsätzlich unrichtige ursprüngliche Erklärung führt zur Steuerhinterziehung i. S. d. § 370 AO; die Korrekturerklärung ist als strafbefreiende Selbstanzeige (§ 371 AO) zu werten;
- eine »nur« leichtfertig unrichtige ursprüngliche Erklärung führt zur leichtfertigen Steuerverkürzung i. S. d. § 378 AO; die Korrekturerklärung ist als bußgeldbefreiende Selbstanzeige (§ 378 Abs. 3 AO) zu werten;
- eine »lediglich« fahrlässig oder sogar schuldlos unrichtige ursprüngliche Erklärung führt weder zur Steuerhinterziehung noch zur leichtfertigen Steuerverkürzung; die Korrekturerklärung ist als schlichte steuerliche Berichtigungserklärung gemäß § 153 AO zu werten.

(vgl. insoweit Heuel/Konken, AO-StB 2017, 342 (346f.).

Im Fall einer schlichten steuerlichen Berichtigungserklärung gemäß § 153 AO ist weder eine Nacherklärung über einen Zeitraum von zehn Jahren abzugeben noch kommt es darauf an, ob die Steuern und Zinsen bezahlt werden. Auch sind die Ausschlussgründe nach § 371 Abs. 2 AO unbeachtlich. Hinterziehungszinsen (§ 235 AO) wie auch die Zuschläge nach § 398a AO fallen nicht an. Die Verzinsung richtete sich allein nach § 233a AO (vgl. dazu insgesamt Weber, DWS-Merkblatt Nr. 1721, 2).

Steuerhinterziehung setzt **Vorsatz** voraus, dabei reicht bedingter Vorsatz. Dieser wird in AEAO zu § 153, Tz 2.6 wie folgt unter Hinweis auf die BGH-Rechtsprechung definiert:

»Dieser kommt in Betracht, wenn der Täter die Tatbestandsverwirklichung für möglich hält. Es ist nicht erforderlich, dass der Täter die Tatbestandsverwirklichung anstrebt oder für sicher hält. Nach der BGH-Rechtsprechung ist für die Annahme des bedingten Vorsatzes neben dem Für-Möglich-Halten der Tatbestandsverwirklichung zusätzlich erforderlich, dass der Eintritt des Taterfolges billigend in Kauf genommen wird. Für die billigende Inkaufnahme reicht es, dass dem Täter der als möglich erscheinende Handlungserfolg gleichgültig ist.«

Leichtfertigkeit i. S. d. § 378 Abs. 1 Satz 1 AO meint nach AEAO zu § 153, Tz 2.7:

»Leichtfertigkeit ist eine besondere Form der Fahrlässigkeit und liegt vor, wenn jemand in besonders großem Maße gegen Sorgfaltspflichten verstößt und ihm dieser Verstoß besonders vorzuwerfen ist, weil er den Erfolg leicht hätte vorhersehen oder vermeiden können.«

3.3 Vorsatz und grobe Fahrlässigkeit: Schwierige Abgrenzung in der Praxis

Wie schwierig die Unterscheidung zwischen bedingtem Vorsatz und Leichtfertigkeit ist, macht das Urteil des FG Münster vom 05.09.2007 (1 K 1544/07 E, EFG 2008, 274) deutlich, wo es heißt:

»Dabei reicht das Vorliegen eines bedingten Vorsatzes. Dies bedeutet, dass der Steuerpflichtige es für möglich hält, die Tatbestandsmerkmale der Steuerhinterziehung zu verwirklichen, dies aber billigend in Kauf nimmt (BFH vom 19.03.1998, V R 54/97, BStBl II 1998, 466; vom 31.07.1996, XI R 74/95, BStBl II 1997, 157). Dabei genügt es, wenn der Steuerpflichtige in einer seiner Gedankenwelt entsprechenden allgemeinen Bewertung das Unrechtmäßige seiner Tat erkennen musste oder hätte erkennen können (BFH vom 18.12.1986, I B 49/86, BStBl II 1988, 213).

[…]

Soweit der Beklagte diesbezüglich auf eine Pflicht der Kläger zur Einholung der entsprechenden steuerlichen Auskünfte hinweist, ist dies geeignet, grobe Fahrlässigkeit bei Nichtbeachtung derselben anzunehmen. Diesbezüglich aber schon bedingten Vorsatz zu unterstellen, ist nicht möglich. Es kann nämlich nicht unterstellt werden, dass die Kläger eine solche Pflicht im konkreten Fall der Anlage von Geldern bei der U kannten. Dies würde aber nötig sein, um hier bei fehlender Erkundigung bereits von einem bedingten Vorsatz ausgehen zu können.

[…]

Die Kläger selbst haben von ihrem persönlichen Eindruck in der mündlichen Verhandlung her deutlich gemacht, dass sie sich um ihre steuerlichen Belange, soweit ihnen möglich, kümmern wollten.

[…]

Die Änderung der Einkommensteuerfestsetzung 1997 ist, anders als für die Vor-Streitjahre, aufgrund der aus Sicht des Senats vorliegenden leichtfertigen Steuerverkürzung gemäß § 173 Abs. 1 Nr. 1 AO i. V. m. §§ 169 Abs. 2 Satz 2, 378 AO möglich. Wie dort bereits dargestellt, hätten die Kläger sich hinsichtlich der Steuerpflicht kümmern müssen. Sie hätten entweder steuerlichen Rat durch einen kundigen Berater einholen müssen oder sich beim Beklagten erkundigen müssen, ob hinsichtlich dieser Anlagen eine Steuerpflicht im Inland bestanden hat. Indem sie lediglich einen »Hobby-Steuerberater« mit der Erstellung ihrer Steuererklärung beauftragt haben und darüber hinaus keine Auskünfte beim Beklagten eingeholt haben, handelten sie leichtfertig.«

Beachtet man diese Aussagen, so scheint ein »Sich kümmern« um steuerliche Angelegenheiten zwar den bedingten Vorsatz, jedenfalls im Einzelfall bei wertender Betrachtung, entfallen zu lassen, nicht jedoch die grobe Fahrlässigkeit. Allerdings ist dieses Urteil von einem FG zur verfahrensrechtlichen Frage des Vorliegens von Steuerhinterziehung im Rahmen des § 169 Abs. 2 AO ergangen. Im Rahmen von Steuerstrafverfahren (und auch Bußgeldverfahren) mag insoweit der Grundsatz des »in dubio pro reo« dazu führen, dass sogar die grobe Fahrlässigkeit in einem solchen Fall nicht (mehr) angenommen wird. Ob sich der Steuerpflichtige darauf verlassen kann, erscheint aber zumindest fraglich. Denn auch Steuerstrafrechtler, die im Fall von Tax CMS eine bestimmte steuerstrafrechtliche Erwartungshaltung darstellen, gehen lediglich davon aus, dass das für den bedingten Vorsatz notwendige »billigend in Kauf nehmen« entfällt (vgl. etwa Radtke anlässlich der Berliner Steuergespräche vom 17.11.2014 in Richter/Welling, FR 2015, 297). Problematisch bleibt aber gerade auch im Rahmen der steuerstrafrechtlichen Rechtsprechung die nicht immer saubere Unterscheidung zwischen bedingtem Vorsatz und grober Fahrlässigkeit (kritisch Nöcker/Hüning, AO-StB 2012, 316).

3.4 BMF-Schreiben als Arbeitshilfe für die Finanzbeamten

Aufgrund der stetigen Verschärfung der Selbstanzeigevoraussetzungen in der jüngeren Vergangenheit, aber auch, um bei der Unterlassung der Einschaltung der Bußgeld- und Strafsachenstellen (Bustra- bzw. Strabu-Stellen der Finanzämter für Fahndung und Strafsachen) sich nicht selbst wegen Strafvereitelung im Amt nach § 258a StGB strafbar zu machen (vgl. insoweit Heuel/Konken, AO-StB 2017, 345 (348), m. w. N.), musste das BMF reagieren. Aus diesem Grunde hat es mit dem BMF-Schreiben vom 23.05.2016 (IV A 3 – S 0324/15/10001, BStBl I 2016, 490) die AEAO zu § 153 geändert. Nicht der Steuerpflichtige sollte bei Einrichtung eines Tax CMS straffrei sein, sondern der Finanzbeamte »guten Gewissens« ein Steuerstraf- wie Bußgeldverfahren nicht einleiten müssen, wenn ein »innerbetriebliches Kontrollsystem« (nicht notwendigerweise also ein Tax CMS) eingerichtet ist. Dabei geht dieses BMF-Schreiben in 2.5 ausdrücklich auch auf die Leichtfertigkeit ein.

Durch diese Intention, den Finanzbeamten zu schützen und seine ggf. drohende Strafbarkeit vermeiden zu helfen, besteht gleichzeitig die Gefahr, dass die Steuerpflichtigen faktisch zur Einrichtung eines solchen »innerbetrieblichen Kontrollsystems« gezwungen werden. Denn vermag der Finanzbeamte im Fall der Berichtigung von steuerlichen Fehlern ein solches System nicht zu erkennen, wird er schon zum Eigenschutz eine solche Meldung an die zuständigen steuerstrafrechtlichen Stellen weiterleiten. Ob darüber hinaus auch die Gefahr besteht, das Fehlen eines »innerbetrieblichen Kontrollsystems« bzw. eines Tax CMS bereits als Hinweis für leichtfertiges Handeln anzusehen (vgl. insoweit Heuel/Konken, AO-StB 2017, 345 (346)), ist noch nicht abzuschätzen.

3.5 Fehlende steuerliche Kontrolle im Betrieb und § 30 OWiG

Unabhängig von den dargestellten Problemen ist zu bedenken, dass die fehlende steuerliche Kontrolle im Betrieb zu einer Unternehmensgeldbuße nach § 30 OWiG führen kann. Außerdem droht die Haftung für die Steuern des Unternehmens als Vertreter (§ 69 AO) wie auch die Festsetzung von Zinsen nach §§ 233ff. AO. Daneben kann es zu Schätzungen (§ 162 AO) kommen.

3.6 Schwerpunktbereich Betriebsprüfung

Schwerpunktmäßig werden Fehler im Bereich der Steuern erst deutlich, wenn es zu Betriebsprüfungen im weitesten Sinne kommt. Neben den steuerlichen Außenprüfungen i. S. d. §§ 193ff. AO –Betriebsprüfung – einschließlich der Lohnsteuer- und Umsatzsteueraußenprüfungen gehören (Umsatzsteuer/Lohnsteuer- und Kassen-)Nachschauen dazu. In diesem Zusammenhang scheint auch die Finanzverwaltung der Hauptadressat von Tax CMS in der derzeitigen Praxis zu sein. So sieht die Finanzverwaltung ein implementiertes Tax CMS etwa als Voraussetzung für eine sog. zeitnahe Betriebsprüfung an, da nur in einem solchen Fall von der steuerlichen Zuverlässigkeit des Unternehmers bzw. Unternehmens auszugehen sei. Es erscheint deshalb angebracht, Grundzüge des regelmäßigen Verfahrensablaufs einer Betriebsprüfung (einschließlich der Berührungspunkte zum Steuerstrafrecht) aufzuzeigen und insoweit insbesondere auch auf die bestehenden Mitwirkungspflichten des Unternehmers/Unternehmens einzugehen.

3.6.1 Grundzüge einer Betriebsprüfung

Die Betriebsprüfung ist ein sog. abgehobener Teil des Festsetzungsverfahrens. Historisch hat sie ihren Ursprung in der Zeit der Inflation nach dem Ersten Weltkrieg, als »die Steuermoral wiederherzustellen« bzw. überhaupt zu implementieren war (vgl. Ansprache zur Einführung von ORR Thaler vor sämtlichen Betriebsprüfern am 30.06.1948, www.bundesfinanzministerium.de).

Heute ist der Zweck einer Außenprüfung die Ermittlung und Beurteilung der steuerlich bedeutsamen Sachverhalte, um die Gleichmäßigkeit der Besteuerung sicherzustellen (§§ 85, 199 Abs. 1 AO).

Die Betriebsprüfung beginnt mit der Prüfungsanordnung und endet mit dem Prüfungsbericht (vgl. hierzu Wenzig, Außenprüfung/Betriebsprüfung, 19). Als Teil der steuerlichen Außenprüfung nebst Umsatzsteuer-Sonderprüfung und Lohnsteuer-Außenprüfung (und anderen Formen wie etwa der Lohnsteuer- und Umsatzsteuernachschau sowie seit dem 01.01.2018 auch der Kassennachschau) sind die Rechtsgrundlagen hierfür in der Abgabenordnung (AO) geregelt. Daneben bestimmt die Betriebsprüfungsordnung (BpO) 2000 als Verwaltungsrichtlinie die Einzelheiten der Durchführung einer Betriebsprüfung.

Es gibt eine Vielzahl von **Anlässen für eine Betriebsprüfung** (vgl. Beyer, NWB 2012, 3259):

- Betriebsaufgabe/-veräußerung,
- vorangegangene Betriebsprüfung mit hohen Mehrsteuern,
- unschlüssig niedrige Privatentnahmen,

- fehlende Aufklärung über die Finanzierung beim Erwerb von Immobilien,
- Kontrollmitteilungen,
- und zusätzlich seit Jahren die Tätigkeit des Unternehmers im bargeldintensiven Bereich (BMW – Bäcker/Metzger/Wirte und ggf. Apotheken [BMWA]).

Die **Betriebsprüfung** stellt einen schwerwiegenden Eingriff in die Sphäre des Unternehmers und Unternehmens dar. Umfassend kann die Finanzverwaltung, soweit die Voraussetzungen des § 193 AO vorliegen, ohne weitere Rechtfertigung **die steuerlichen Verhältnisse überprüfen**. Dabei gilt:

- Es gibt kein Ausforschungsverbot, was bedeutet, dass beliebige Stichproben gezogen werden dürfen.
- Die Geschäftsbeziehungen zu Dritten wie auch Betriebsabläufe dürfen systematisch untersucht werden.
- Geschäftsgeheimnisse dürfen erforscht werden.
- Sowohl in den räumlichen betrieblichen Bereich wie auch in die häusliche Privatsphäre darf eingegriffen werden.
- Die Prüfungsdichte unterliegt keiner Beschränkung, obwohl § 7 BpO ein Abstellen auf das Wesentliche verlangt, da diese Vorschrift ausschließlich dem öffentlichen Interesse an der Effizienz der Prüfungsdurchführung dient.

Die Betriebsprüfung bedient sich mittlerweile der Instrumente der sog. digitalen Betriebsprüfung nach §§ 146 Abs. 5, 147 Abs. 2, 5 und 6 AO. Die materielle Auswertung geschieht mittels der Prüfsoftware IDEA. Welche Bereiche überprüft werden, ergibt sich zunehmend durch Nutzung der sog. Summarischen Risikoprüfung (SRP). Je nach Rechtsform und Branche des Unternehmens werden unterschiedliche Schwerpunkte gebildet. Kleinst-, Klein- und Mittelbetriebe müssen regelmäßig damit rechnen, dass die Ordnungsmäßigkeit ihrer Buchführung, bei sog. bargeldintensiven Betrieben (BMW – Bäcker/Metzger/Wirte) insbesondere die Kassenbuchführung, der Schwerpunkt der Prüfung ist.

3.6.2 Summarische Risikoprüfung (SRP)

Bereits seit Mitte 2007 wird von den Betriebsprüfungen verschiedener Länder, beginnend in Schleswig-Holstein und Nordrhein-Westfalen, die sog. Summarische Risikoprüfung (SRP) präferiert. Mittlerweile gehört sie in den meisten Bundesländern zum Standard. Ausgerüstet mit Laptops, die verschiedene Makros auf Excelbasis vorhalten, versucht die Betriebsprüfung mit an die Wirtschaftsprüfung angelehnten Methoden Auffälligkeiten in den vom Unternehmen bereitzustellenden elektronischen Daten zu erkennen. Gleichzeitig versucht die Betriebsprüfung mittels SRP Schätzungsgrundlagen und -programme zu gewinnen, die gerichtsfest sein können.

SRP an sich ist eine Kombination aus der Ermittlung eines betriebswirtschaftlichen Profils des Unternehmens, internen und volkswirtschaftlichen Erfahrungen, der Anwendung von Zeitreihenvergleichen und der Bereitstellung stochastischer Methoden einschließlich der sog. Quantilsschätzungen. Recht umfassend, wenn auch eher abstrakt, gibt die wikipedia-Seite »Summarische Risikoprüfung« Auskunft über den »Stand der Technik« mit zahlreichen weiterführenden Hinweisen auf Literatur und Rechtsprechung.

Das betriebswirtschaftliche Profil, welches SRP bereitstellt, soll es dem Betriebsprüfer ermöglichen, seine Prüfungsergebnisse zum einen seriös beurteilen zu können, zum anderen aber auch Anhaltspunkte für seine weitere Prüfungstätigkeit geben. Ein bundesweites Netzwerk der Betriebsprüfer im Rahmen des Projekts SRP stellt die entsprechenden Informationen bereit. Branchenerfahrungen der Betriebsprüfer werden mit betriebsnahen Erwartungen verglichen. Zum **betriebswirtschaftlichen Profil im Rahmen von SRP** gehören Informationen zu

- regionalen Gegebenheiten,
- Absatzwegen,
- Umsatz und Gewinnzahlen der Branchen,
- Rohgewinnaufschlagsätzen,
- Produktivitäten und Rentabilitäten,
- dem Marktauftritt des Unternehmens (insbesondere in Folge einer Internetrecherche) und
- Prozessabläufen.

Vereinfacht ausgedrückt, soll das betriebswirtschaftliche Profil von SRP eine Art Benchmarking ermöglichen, um so Auffälligkeiten schneller erkennen und überprüfen zu können. SRP versucht dabei, die Masse der dem Betriebsprüfer digital zur Verfügung gestellten Daten durch Vergleiche und Visualisierungen fassbar und erkennbar zu machen:

- Der Waren- oder Leistungsdurchlauf wird blockweise auf seinen erwartungsmäßigen Zusammenhang überprüft.
- Einzelgrößen werden erst jahrgangsweise, später quartals- oder monatsweise im Rahmen von Zeitreihenvergleichen auf vergleichbare Entwicklung dargestellt.
- Ausreißer führen zur stichprobenartigen Überprüfung der entsprechenden Unterlagen mit der Bitte um Erläuterung durch den Steuerpflichtigen und seinen Berater.
- Preisindizes sollen helfen, die Zahlenverhältnisse real abzubilden.
- Häufigkeitsanalysen sollen Ziffernvorlieben/-abneigungen offenlegen, die betrieblich nicht zu erläutern sind, um falsche »Schlüsselungen« oder »Zuordnungen« von Manipulationen unterscheiden zu helfen.
- Mittels der Wahrscheinlichkeitstheorie sollen Ungenauigkeiten entdeckt werden.

Die Finanzverwaltung hält derzeit diese von ihr eingesetzten Strukturtests, die dem Benford‹schen Gesetz und der Logarithmischen Normalverteilung folgen, für geeignet, innerhalb einer 99 %igen Sicherheit Manipulationen oder zumindest betriebswirtschaftliche Besonderheiten aufzudecken bzw. darzustellen. Letztlich will deshalb die Finanzverwaltung mittels SRP aber vor allem Prüfungsfelder festlegen, mit denen sich der Betriebsprüfer befassen muss.

Unter einer Verprobungsmethode versteht man solche Methoden, mit denen durch Verprobungen überprüft wird, ob materielle Mängel der Buchführung anzunehmen sind. Es geht letztlich darum, ob ein »Anfangsverdacht« (so Kulosa, DB 2015, 1797) vorliegt, der eine weitergehende Prüfung sinnvoll erscheinen lässt – oder sogar eine Schätzungsbefugnis eröffnet, weil die materielle Richtigkeit der Buchführung nach § 158 AO erschüttert worden ist. Hierzu gehören neben dem Zeitreihenvergleich der Chi-Quadrat-Test wie auch andere mathematisch-statistische Verfahren, die die Wahrscheinlichkeit der Richtigkeit der Zahlen der Buchführung messen wollen.
Schätzungsmethoden sind solche Methoden, die eine Hinzuschätzung von Umsatz oder Gewinn wahrscheinlich erscheinen lassen. Herkömmlich sind dies die Aufschlagkalkulation, die Schätzung anhand von Richtsätzen sowie die Geldverkehr- und Vermögenszuwachsrechnung, und aus Sicht der Finanzverwaltung die Quantilsschätzung als Abwandlung des Zeitreihenvergleichs (in Form des Gleitschlittens).

Die Finanzverwaltung orientiert sich (derzeit) im Rahmen von SRP bei Schätzungen an der sog. **Quantilsschätzung**. Dabei werden ausgehend vom Mittelwert der gebildeten Zeitreihen betriebsinterne Rohgewinnaufschläge gebildet, welche mit einer Wahrscheinlichkeit von 84 % im Unternehmen vorkommen. Diese Wahrscheinlichkeit soll Ausreißer nach oben wie unten ausschließen und die betriebsinternen Zahlen darstellen, die am häufigsten vorkommen. Sind Datenmaterial und Stichprobe groß genug, erscheint eine Schätzung innerhalb der so ermittelten Bandbreite, ggf. mit weiteren Abschlägen, denkbar. Allerdings sind die Einzelheiten in der Literatur umstritten (vgl. nur Zweifel bei Bleschick, DStR 2017, 353 und 426, Krumm, DB 2017, 1105 und Peters, DStR 2017, 1953; zustimmend dagegen etwa Pump/Wähnert, NWB 2015, 2869). Auch die BFH-Rechtsprechung hält die Einzelheiten dieser neuen Herangehensweise noch für klärungsbedürftig (vgl. BFH vom 12.07.2017, X B 16/17, BFHE 257, 523). Doch wird man prognostizieren dürfen, dass sich nach einer Phase der Unsicherheit moderne Prüfungsmethoden aufbauend auf SRP herausbilden werden, die für alle Beteiligten überprüfbar und auch gerichtsfest sein werden.

3.6.3 Schnittstellenverprobung

Branchenspezifische Verprobungen sind in der Betriebsprüfungspraxis im Übrigen seit langem bekannt. Klassisch ist der Fall der Verprobung der Menge eingekaufter bzw. verbrauchter Kohlensäure im Verhältnis zum Bier. Andere **Verprobungen** sind etwa:

Verprobungsort	Prüfung
Apotheken	Rezeptabrechnungen gegenüber Sozialversicherungsträgern
Eisdiele	Zucker-/Milchverbrauch im Verhältnis zur Bällchengröße
Gaststätte	Leergutverprobung, Vergleich der Umsätze mit der Menge der entsorgten Knochenreste (etwa FG Hamburg vom 01.09.2004, I 187/04)
Café	Kaffeeverbrauch/Anzahl der verbrauchten Papieruntersetzer
Imbiss	Kosten für die Fettentsorgung

(vgl. auch weiterführend: Brinkmann, Schätzungen im Steuerrecht, 246)

Eine Weiterentwicklung dieser Verprobungen, auch im Zusammenhang mit SRP, stellt die **Schnittstellenverprobung** dar. Unter Schnittstellen werden sog. Transferpunkte verstanden, die durch die Arbeitsteilung im computergestützten Alltag der Unternehmen entstehen. Der Datenabgleich zwischen den verschiedenen Bereichen soll helfen, Fehler aufzudecken. Bekannter Fall ist der Abgleich zwischen dem eingesetzten Warenwirtschaftssystem und der Registrierkasse. So sollen Differenzen zwischen der Summe laut Kassenauftragszeile und den Tagesendsummenbons auf den Einsatz von Manipulationssoftware hindeuten (Webel/Danielmeyer, StBp 2015, 353). Dass Ungereimtheiten bei Schnittstellenverprobungen auch die Vermutung des § 158 AO widerlegen (so Brinkmann, Schätzungen im Steuerrecht, 246) muss angesichts des sog. Zeitreihenvergleichsurteils (BFH vom 25.03.2015, X R 20/13, BStBl II 2015, 743) bezweifelt werden.

Anders als im Bereich der bargeldintensiven Betriebe dient SRP im Zusammenhang mit der Schnittstellenverprobung dem Daten- und Systemvergleich. Schließlich sind nach Schätzungen etwa 30 % der Schnittstellen fehleranfällig. Dies betrifft insbesondere die Datenmigration, also die Datenextraktion aus einem System in ein anderes. Trotz Backup-Systemen sollen 75 % der Unternehmen nicht alle Daten retten können. Andere Risiken im Zusammenhang mit Schnitten sind

- Hardwareausfall;
- Nutzerfehler;
- schlechte interne Kontrollen und Datenrichtlinien;
- Wechsel zu Cloud-Lösungen;
- Wechsel zu Mobilgeräten für Mitarbeiter;

- Umstellung auf virtuelle Server;
- Migration auf MS-Office 365.

Ziele der Schnittstellenverprobung sind auch hier das Auffinden von in der Regel unschlüssigen Abweichungen unter Berücksichtigung der Kenntnis von Datenbanken, deren Fehleranfälligkeiten oder Manipulationsmöglichkeiten sowie Feststellungen zur Seriosität von elektronischen Massendaten.

Typische **Prüftätigkeiten der Schnittstellenverprobung** sind:
- Abgleich zwischen den Daten der Faktura und den Ausgangsrechnungen in der Fibu;
- Abgleich von Warenzugängen in der Warenwirtschaft mit dem Warenverkauf in der Fibu;
- Mengenverprobung der Lagerbestände;
- Preisunterschiede gleicher Artikel im Bar- und EC-Verkauf vergleichen;
- Lücken von Vorgangs- und Rechnungsnummern analysieren.

Bislang scheint sich diese Art von Schnittstellenverprobung trotz anders lautender Absichtserklärungen (noch) auf die bargeldintensiven Betriebe (BMW-Betriebe) zu konzentrieren. Das machen die Beispiele deutlich, die meist einen Abgleich von WWS und Fibu/Kasse darstellen (vgl. nur Becker/Danielmeyer/Neubert/Unger, DStR 2016, 2983).

In diesem Zusammenhang ist auch die Schnittstellenverprobung der Zukunft, die sog. Digitalisierung 4.0 Google, interessant: Im Zusammenhang mit der Kassennachschau nach § 146b AO ab dem 01.01.2018 sollen Daten aus der Fibu bzw. dem Vorsystem mit Erkenntnissen aus Google verprobt werden. Dies betrifft Bewegungsdaten der Kunden, die Google festhält. Sind zu den bei Google angegebenen Besuchszeiten keine Umsätze vorhanden, kann aus Sicht der Betriebsprüfung eine fehlerhafte Buchführung vorliegen.

3.6.4 Mitwirkungspflichten in der Betriebsprüfung

Gekennzeichnet ist jede Betriebsprüfung davon, dass der Steuerpflichtige umfangreich mitwirken muss. Die Mitwirkungspflichten während der Betriebsprüfung regelt, wenn auch nicht abschließend, § 200 Abs. 1 AO. Diese gilt es zu erfüllen, was ein gutes Tax CMS sicherstellen muss.

Der **Steuerpflichtige ist verpflichtet**:
- nach dem Ermessen des Betriebsprüfers Auskunft zu geben (ggf. kann ein Verzögerungsgeld nach § 146 Abs. 2b AO angedroht werden);
- Urkunden nach § 200 Abs. 1 Satz 2 AO vorzulegen (wobei die Vorlagepflicht mit der steuerlichen Aufbewahrungspflicht nach §§ 147, 147a AO korrespondiert);

- den Betriebsprüfer im Rahmen der digitalen BP zu unterstützen (insbesondere aufbewahrungspflichtige Unterlagen lesbar machen und ggf. ausdrucken sowie bei der Realisierung der Zugriffsrechte dem Prüfer helfen).

Unklar ist, ob der Steuerpflichtige auch der »Bitte« um Beantwortung von »Fragebögen«, insbesondere vor Beginn der Außenprüfung, nachkommen muss (vgl. Wacker, DStR 2012, 783).

Herauszugeben sind jedenfalls bei einem bilanzierenden Steuerpflichtigen die Daten aus dem Warenwirtschaftssystem (so BFH vom 18.12.2014, X R 47/13, BFH/NV 2015, 793). Ob diese Pflicht auch den Steuerpflichtigen betrifft, der seinen Gewinn durch eine Einnahmen-Überschussrechnung (§ 4 Abs. 3 EStG) ermittelt, ist unklar. Der Datenzugriff ist hier »im Regelfall begrenzt auf solche Unterlagen, die zum Verständnis und zur Überprüfung der für sie geltenden steuergesetzlichen Aufzeichnungspflichten, z. B. § 4 Abs. 3 Satz 4, Abs. 7 EStG und § 22 UStG, von Bedeutung sind« (BFH vom 24.06.2009, VIII R 80/06, BStBl II 2010, 452).

3.6.5 Kassenbuchführung

Gerade bei kleineren Unternehmen ist die Kassenbuchführung steuerlich entscheidend und muss deshalb auch im Rahmen eines Tax CMS beachtet werden. Die Bargeld-Kasse heute richtig zu führen, erscheint angesichts der weiter zunehmenden Prüfungsdichte bei der Prüfung bargeldintensiver Betriebe nicht einfach. Mittels der Summarischen Risikoprüfung (SRP), aber auch aufgrund der verschärften Voraussetzungen in §§ 146, 146a AO scheint es unklar, wie eine Kasse richtig zu führen ist. Die nunmehr beginnenden Kassen-Nachschauen nach § 146b AO können weitere Risiken, nicht nur für den steuerunehrlichen Bürger, mit sich bringen.

Wie die Kassenbuchführung bislang in der Rechtsprechung beurteilt worden ist, macht der BFH zusammenfassend in seinem Urteil vom 20.03.2017 (X R 11/16, BStBl II 2017, 992) klar. Danach »sind« (bis Ende 2016 Wortlaut: »sollen«) Kasseneinnahmen und Kassenausgaben täglich festzuhalten.

Dies soll ein dichtes Kontrollgefüge sicherstellen (vgl. nur Drüen in Tipke/Kruse, AO/FGO, § 146 AO Rz 27, m. w. N.). Dabei sind die Anforderungen an ein solches Kontrollgefüge an die Art und Weise der Kassenführung anzupassen. Folglich können die Einnahmen und Ausgaben zu Kontrollzwecken nicht nur schriftlich, sondern durch jede andere Maßnahme konserviert werden, die den Datenabruf zulässt. Gesetzliche Vorgaben, wie Kassenaufzeichnungen zu führen sind, gibt es nicht. Neben der Aufzeichnung auf Datenträgern ist grundsätzlich auch eine geordnete Ablage von Belegen möglich. Der Steuerpflichtige ist hinsichtlich der Aufzeichnungsmittel frei. Er kann entscheiden, ob er seine Warenverkäufe manuell oder technisch – mit einer elektronischen Registrier- oder PC-Kasse – erfasst (vgl. im Hinblick auf Warenverkäufe eines Kaufmanns auch Senatsurteil vom 16.12.2014, X R 47/13, BFH/NV 2015, 793, Rz 23).

Die Art der Kassenbuchführung steht seit 2017 unter massiven Veränderungen. Denn zum 31.12.2016 lief die Übergangsfrist des BMF-Schreibens vom 26.11.2010 (BStBl I 2010, 1342) zur Aufbewahrung digitaler Unterlagen bei Bargeschäften aus. Das Gesetz zum Schutz vor Manipulationen an digitalen Grundaufzeichnungen vom 22.12.2016 (BGBl I 2016, 3152) schuf einen geänderten § 146 Abs. 1 AO, der nun wie folgt lautet:

> (1) Die Buchungen und die sonst erforderlichen Aufzeichnungen sind einzeln, vollständig, richtig, zeitgerecht und geordnet vorzunehmen. Kasseneinnahmen und Kassenausgaben sind täglich festzuhalten. Die Pflicht zur Einzelaufzeichnung nach Satz 1 besteht aus Zumutbarkeitsgründen bei Verkauf von Waren an eine Vielzahl von nicht bekannten Personen gegen Barzahlung nicht. Das gilt nicht, wenn der Steuerpflichtige ein elektronisches Aufzeichnungssystem im Sinne des § 146a verwendet.

§ 146 Abs. 1 Satz 1 AO sieht also eine Einzelaufzeichnungspflicht vor, die am Tag nach der Verkündung des Gesetzes in Kraft trat (seit dem 29.12.2016). Diese Einzelaufzeichnungspflicht bedeutet, dass aufzeichnungspflichtige Geschäftsvorfälle laufend zu erfassen, einzeln festzuhalten sowie aufzuzeichnen und aufzubewahren sind, so dass sich die einzelnen Geschäftsvorfälle in ihrer Entstehung und Abwicklung verfolgen lassen können. Eine Ausnahme von der Einzelaufzeichnungspflicht besteht aus Zumutbarkeitsgründen bei Verkauf von Waren an eine Vielzahl von nicht bekannten Personen gegen Barzahlung.

Im Einzelnen regelt -zumindest aus Sicht der Finanzverwaltung – der AEAO zu § 146 (BMF vom 19.06.2018, IV A 4 – S 0316/13/1000, BStBl I 2018, 706) diese **Einzelaufzeichnungspflichten** wie folgt:

- Grundsätzlich Aufzeichnung von Gegenleistung auch nach Inhalt des Geschäfts und Namen des Vertragspartners (Tz 2.1.2),
- Einzelaufzeichnung grds. unabhängig von der Art der Kassenführung (Tz 2.1.4),
- Ausfall elektronischer Aufzeichnungssysteme ist zu dokumentieren und nachzuweisen (z. B. Rechnung über Reparaturleistung) (Tz 2.1.6),
- Geltung auch für Einnahme-Überschussrechner (geordnete und vollständige Belege

zum Nachweis der BE und BA); bei Unzumutbarkeit der Einzelaufzeichnung muss die Einnahmeermittlung nachvollziehbar dokumentiert und überprüfbar sein (Tz 2.1.7),

- keine Einzelaufzeichnungspflicht bei Unzumutbarkeit, was jedoch nur die offene Ladenkasse betrifft; nicht bei einem elektronischen Aufzeichnungssystem, das § 146a Abs. 3 AO i. V. m. KassenSichV entspricht (Tz 2.2.2),
- verwendet der Steuerpflichtige eine Waage, die die Voraussetzungen einer elektronischen Registrierkasse erfüllt, dann ist die Verwendung einer offenen Ladenkasse unzulässig (Tz 2.2.4),
- Zumutbarkeitsüberlegungen sind auf Dienstleistungen übertragbar (Tz 2.2.6),
- »Zählprotokoll« bei offener Ladenkasse nicht erforderlich, erleichtert aber den Nachweis des tatsächlichen Auszählens (Tz 3.3),
- tägliches Festhalten von Kasseneinnahmen und -ausgaben, ausnahmsweise bei zwingenden geschäftlichen Gründen am nächsten Geschäftstag; Kassen ohne Verkaufspersonal (auch Waren- und Dienstleistungsautomaten) erst bei Leerung (Tz 3.4).

Hintergrund dieser verschärften Anforderung ist die Manipulationsanfälligkeit von elektronischen Kassensystemen. Werden etwa Registrierkassen geführt, ist es insoweit aufgrund des technischen Fortschritts heutzutage möglich, dass diese Aufzeichnungen unerkannt gelöscht oder geändert werden können. Hierdurch werden systematisch Steuern hinterzogen.

Bekannte Maßnahmen zur Verkürzung von Einnahmen im Zusammenhang mit Registrierkassen sind:

- (Bislang:) Nur ein Teil der Z-Bons wurde gebucht und vorgelegt;
- mittels »Schattenkasse« wurden fiktive Belege angefertigt;
- echte Kellnerspeicher wurden zu Trainingszwecken umprogrammiert;
- Verwendung von »Jumpern« oder »Phantombedienern« mittels Bedienerschlüsseln;
- Verwendung von »Zappern«.

Die Veränderungen hinsichtlich steuerrelevanter Geschäftsvorfälle – die in der überwiegenden Mehrzahl der Fälle nachträglich, d. h. nach Dateneingabe, vorgenommen werden – sind also insbesondere nicht dokumentierte Stornierungen, nicht dokumentierte Änderungen mittels elektronischer Programme oder der Einsatz von Manipulationssoftware. Die dabei verwendete Software ermöglicht umfassende Veränderungen und Löschungen von Daten, die nicht mehr nachvollziehbar sind. Sie kann Bedienereingaben unterdrücken, Umsatzkategorien löschen, Datenbanken inhaltlich ersetzen, Geschäftsvorfälle erfassen, die nicht stattgefunden haben oder auch hochpreisige durch preiswertere Waren ersetzen. Der Einsatz von z. B. Phantomware oder Zappern ist bei konsequent doppelter Verkürzung (der Einnahmen und des dazugehörigen Wareneinkaufs) und nachträglich geänderten Grundaufzeichnungen ohne Protokollierung für Außenprüfer kaum oder gar nicht erkennbar, es sei denn der Prüfer erhält Zugang zum Warenwirtschaftssystem (vgl. weiterführend: Brinkmann, Schätzungen im Steuerrecht, 169 ff.).

3.6.6 Kassennachschau

Auch deshalb sind seit dem 01.01.2018 Kassen-Nachschauen nach § 146b AO möglich:

> (1) Zur Prüfung der Ordnungsmäßigkeit der Aufzeichnungen und Buchungen von Kasseneinnahmen und Kassenausgaben können die damit betrauten Amtsträger der Finanzbehörde ohne vorherige Ankündigung und außerhalb einer Außenprüfung, während der üblichen Geschäfts- und Arbeitszeiten Geschäftsgrundstücke oder Geschäftsräume von Steuerpflichtigen betreten, um Sachverhalte festzustellen, die für die Besteuerung erheblich sein können (Kassen-Nachschau). Der Kassen-Nachschau unterliegt auch die Prüfung des ordnungsgemäßen Einsatzes des elektronischen Aufzeichnungssystems nach § 146a Absatz 1. Wohnräume dürfen gegen den Willen des Inhabers nur zur Verhütung dringender Gefahren für die öffentliche Sicherheit und Ordnung betreten werden. Das Grundrecht der Unverletzlichkeit der Wohnung (Artikel 13 des Grundgesetzes) wird insoweit eingeschränkt.
> (2) Die von der Kassen-Nachschau betroffenen Steuerpflichtigen haben dem mit der Kassen-Nachschau betrauten Amtsträger auf Verlangen Aufzeichnungen, Bücher sowie die für die Kassenführung erheblichen sonstigen Organisationsunterlagen über die der Kassen-Nachschau unterliegenden Sachverhalte und Zeiträume vorzulegen und Auskünfte
> zu erteilen, soweit dies zur Feststellung der Erheblichkeit nach Absatz 1 geboten ist. Liegen die in Satz 1 genannten Aufzeichnungen oder Bücher in elektronischer Form vor, ist der Amtsträger berechtigt, diese einzusehen, die Übermittlung von Daten über die einheitliche digitale Schnittstelle zu verlangen oder zu verlangen, dass Buchungen und Aufzeichnungen auf einem maschinell auswertbaren Datenträger nach den Vorgaben der einheitlichen digitalen Schnittstelle zur Verfügung gestellt werden. Die Kosten trägt der Steuerpflichtige.
> (3) Wenn die bei der Kassen-Nachschau getroffenen Feststellungen hierzu Anlass geben, kann ohne vorherige Prüfungsanordnung zu einer Außenprüfung nach § 193 übergegangen werden. Auf den Übergang zur Außenprüfung wird schriftlich hingewiesen.
> (2) § 146b der Abgabenordnung in der am 29. Dezember 2016 geltenden Fassung ist nach Ablauf des 31. Dezember 2017 anzuwenden. § 146b Absatz 2 Satz 2 der Abgabenordnung ist in der am 29. Dezember 2016 geltenden Fassung vor dem 1. Januar 2020 mit der Maßgabe anzuwenden, dass keine Datenübermittlung über die einheitliche Schnittstelle verlangt werden kann oder dass diese auf

einem maschinell auswertbaren Datenträger nach den Vorgaben der einheitlichen Schnittstelle zur Verfügung gestellt werden muss. § 146b Absatz 1 Satz 2 der Abgabenordnung in der am 29. Dezember 2016 geltenden Fassung ist erstmals für Kalenderjahre nach Ablauf des 31. Dezember 2019 anzuwenden.

Bereits vor dem 01.01.2018 erfolgten sog. Kassennachschauen im Rahmen von Umsatzsteuer-Nachschauen nach § 27b UStG. Denn insoweit ist seit dem Steuervereinfachungsgesetz auch ein Datenzugriff möglich, der regelmäßig genutzt wird.

Für die nun eigene Art von **Kassennachschau** regelt **§ 146b Abs. 1 Satz 1 AO** die Einzelheiten. Dabei soll gelten:

- Der betraute Prüfer kann ohne vorherige Ankündigung und außerhalb der Außenprüfung während der üblichen Geschäfts- und Arbeitszeiten in den Geschäftsräumen des Steuerpflichtigen eine Kassen-Nachschau abhalten.
- U.a. sind neben den eigentlichen Kassenaufzeichnungen, insbesondere in elektronischer Form, auch die Organisationsunterlagen (Bedienungsanleitungen, Programmieranleitungen) zum Kassensystem vorzulegen, so dass eine (immer wichtiger werdende) Systemprüfung durch die Finanzverwaltung möglich wird.
- Soweit Daten bei einem Dritten (etwa dem Steuerberater) sind, ist der Dritte zur Herausgabe nach § 147 Abs. 6 Satz 3 AO verpflichtet, dem Prüfer Einsicht in diese Daten zu geben oder diese in maschinell auswertbarer Form zur Verfügung zu stellen (bislang nicht bei Umsatz- und Lohnsteuer-Nachschau vorgesehen, da § 147 Abs. 6 Satz 1 AO eine »Außenprüfung« verlangt). Nach § 147 Abs. 6 Satz 4 AO hat der mit der Außenprüfung betraute Amtsträger in Fällen des Satzes 3 den in § 3 und § 4 Nr. 1 und 2 des Steuerberatungsgesetzes bezeichneten Personen sein Erscheinen in angemessener Frist anzukündigen.
- Die Kassennachschau ist auch bei einer offenen Ladenkasse möglich; dort kann der Prüfer einen sog. Kassensturz verlangen und sich die Aufzeichnungen der Vortage vorliegen lassen.

Nach der Gesetzesbegründung (BT-Drs. 18/9535, 22) soll die Beobachtung der Kassen und ihrer Handhabung in Geschäftsräumen, die der Öffentlichkeit zugänglich ist, ohne Pflicht zur Vorlage eines Ausweises zulässig sein. Auch Testkäufe sollen von § 146b AO umfasst sein. Dies geht zumindest über die Voraussetzungen der Umsatzsteuer-Nachschau hinaus, wo zwar eine mündliche Bekanntgabe des Anlasses und des Umfangs der Maßnahme anerkannt sind, der Prüfer sich aber vorab ausweisen muss (vgl. nur Leipold in Sölch/Ringleb, § 27 UStG Rz 10).

Soweit nach der Kassennachschau Anlass zu einer weitergehenden Prüfung besteht, kann ohne vorherige Prüfungsanordnung zu einer steuerlichen Außenprüfung nach

§ 193 AO übergegangen werden (§ 146b Abs. 3 AO). Hierauf ist schriftlich hinzuweisen (wie auch bislang bei Umsatz- und Lohnsteuernachschauen). Für die Dauer der Kassennachschau ist eine Selbstanzeige aufgrund des § 371 Abs. 2 Satz 1 Nr. 1 Buchst. e AO ausgeschlossen, allerdings nur, falls sich der Amtsträger ausgewiesen hat. Dieser Ausschluss dauert bei Übergang auf eine steuerliche Außenprüfung fort.

Zwischenzeitlich ist ein BMF-Schreiben zur Kassennachschau erlassen worden (BMF vom 29.05.2018, IV A 4 – S 0316/13/10005). Dort heißt es u. a.:

Die **Kassen-Nachschau** betrifft u. a.:
- Elektronische oder computergestützte Kassensysteme oder Registrierkassen, App-Systeme, Waagen mit Registrierkassenfunktion, Taxameter, Wegstreckenzähler, Geldspielgeräte, offene Ladenkassen;
- Es kann ein »Kassensturz« verlangt werden;
- Die Kassen-Nachschau kann auch außerhalb der Geschäftszeiten vorgenommen werden, wenn im Unternehmen noch oder schon gearbeitet wird;
- Der Prüfer hat sich auszuweisen, jedoch noch nicht bei Beobachtung der Kassen und ihrer Handhabung in den Geschäftsräumen oder bei Testkäufen;
- Eine Übergabe der gespeicherten Unterlagen und Aufzeichnungen auf einem maschinell verwertbaren Datenträger auch vor dem 01.01.2020 ist verlangbar;
- Zu Dokumentationszwecken kann der Prüfer Unterlagen und Belege scannen oder fotografieren;
- Ein Übergang zur Außenprüfung steht im Ermessen des Prüfers, kann aber beispielsweise nötig sein, wenn die aufbewahrungspflichtige Betriebsanleitung oder Protokolle nachträglicher Programmänderungen nicht vorgelegt werden können;
- Die Aufforderung zur Kassen-Nachschau ist ein (ggf. mündlicher) VA, der mit Einspruch angreifbar ist; der Einspruch (auch die Klage) wird mit der Beendigung der Kassen-Nachschau unzulässig (ggf. Fortsetzungs-Feststellungsklage, Klage gegen Schätzungs-Bescheide, Übergang zur Außenprüfung entspricht einer Prüfungsanordnung).

3.6.7 Betriebsprüfung und steuerstrafrechtliches Verfahren

Die Außenprüfung (§§ 193 ff. AO) unterscheidet sich in vielerlei Hinsicht von der Steuerfahndungsprüfung (§ 208 AO) und doch bedingen sich beide häufig gegenseitig.

Während die Steuerfahndungsprüfung nur tätig wird, wenn ein begründeter Verdacht auf eine Steuerstraftat bzw. -ordnungswidrigkeit vorliegt, findet die Außenprüfung in planmäßigen Abständen statt, je nach Einordnung des einzelnen Betriebs in die in § 3

BpO 2000 genannten Größenordnungen. Der Betriebsprüfer ist dabei an die Zusammenarbeit und die Offenheit des Steuerpflichtigen im Rahmen seiner Mitwirkungspflichten angewiesen. Die Steuerfahndung kann sich dagegen polizeilicher Methoden (Beschlagnahme, Durchsuchung, Verhör) bedienen. Insoweit darf der Steuerpflichtige die Mitwirkung folglich verweigern. Auch bedarf es für die Steuerfahndungsprüfung nicht einer Prüfungsanordnung (§ 208 Abs. 1 Nr. 1 AO). Eine Verpflichtung zur Abhaltung einer Schlussbesprechung besteht nicht.

Allerdings kann die Steuerfahndung nach § 208 Abs. 2 Nr. 1 AO auch im Rahmen des Steuerverfahrens im Wege der Außenprüfung tätig werden. AEAO Nr. 2 zu § 193 AO stellt klar, dass eine Außenprüfung auch gegeben ist, soweit nur festgestellt werden soll, ob und wie viele Steuern hinterzogen worden sind. Im Rahmen einer bereits begonnenen Außenprüfung kann ein Steuerstrafverfahren eingeleitet werden. In diesem Fall übernimmt die Steuerfahndung die strafrechtlichen Ermittlungen. Die Außenprüfung kann jedoch weiter durchgeführt werden. Sie kann insoweit auch Teil der für die Ermittlung einer Steuerstraftat zuständigen »Finanzbehörde« sein (§ 386 AO).

Der Außenprüfer steht im Rahmen seiner Prüfung häufig vor der Frage, ob und wie er steuerstrafrechtlich vorgehen muss. Der gleichlautende Ländererlass vom 31.08.2009 zum Verdacht einer Steuerstraftat/Unterrichtung der Bußgeld- und Strafsachenstelle (Bustra) (BStBl I 2009, 829) soll ihm (und darüber hinaus der Rechtspraxis) eine Handreichung geben. Grundsätzlich gilt dabei, dass jeder Amtsträger, auch der Außenprüfer, für das steuerstrafrechtliche Verfahren **vier unterschiedliche Verdachtsstufen** beachten muss:

Stufe 1:	Zureichende tatsächliche Anhaltspunkte führen zur Unterrichtungspflicht der Bustra.
Stufe 2:	Ein Anfangsverdacht i. S. d. § 152 Abs. 2 StPO führt zur Einleitung eines Ermittlungsverfahrens.
Stufe 3:	Ein hinreichender Tatverdacht i. S. d. §§ 170, 203 StPO führt zur Eröffnung eines Hauptsacheverfahrens.
Stufe 4:	Ein dringender Tatverdacht führt zur Anordnung der Untersuchungshaft, wenn darüber hinaus ein Haftgrund vorliegt (§ 112 StPO).

Für den Außenprüfer konkretisiert § 10 Abs. 1 Satz 1 BpO diese aus dem allgemeinen strafrechtlichen Grundsatz des Legalitätsprinzips herrührenden Pflichten. Er wird dabei stets (nur) überlegen, wann er die **Steuerfahndung informieren** muss. Dies ist der Fall, wenn

- durchgeführte Kalkulationen und Verprobungen zu ungeklärten Differenzen von einigem Gewicht führen;

- ungebundene Privatentnahmen zur Bestreitung des Lebensunterhalts offensichtlich nicht ausreichen;
- schwerwiegende Buchführungsmängel, etwa das Fehlen sonst allgemein üblicher Belege, vorliegen;
- sich Hinweise auf verschwiegene oder irreführend bezeichnete Bankkonten ergeben;
- die Bilanz wesentlich zu niedrig bewertete Aktiv- bzw. erheblich zu hoch bewertete Passivbestände ausweist;
- sich aus Kontrollmitteilungen ergebende Einnahmen in der Buchführung nicht finden;
- sich konkrete Verdachtsmomente auf manipulierte oder gefälschte Belege ergeben.

Obwohl bei einer offensichtlich leichtfertigen Begehensweise nur der Verdacht einer Ordnungswidrigkeit besteht und eine Unterrichtungspflicht bei einem zu erwartenden steuerlichen Mehrergebnis von unter 5.000 € (vorbehaltlich der Durchführung eines Bußgeldverfahrens nach Nr. 97 Abs. 3 AStBV (St) analog) nicht besteht, wird ein Außenprüfer heute in jedem Zweifelsfall frühzeitig und formlos Kontakt mit der BuStra/Strabu aufnehmen.

Keine tatsächlichen Anhaltspunkte für das Vorliegen einer Steuerstraftat ergeben sich nach dem **Ländererlass zu § 10 BpO** (BStBl I 2009, 829), wenn
- lediglich Kontrollmitteilungen vorliegen;
- Kalkulationen und Verprobungen mittels Geldverkehrsrechnungen, Richtsätzen, Chi-Quadrat-Test oder Zeitreihenvergleich durchgeführt werden, die zu Differenzen führen;
- bloße formelle oder kleinere materielle Buchführungsmängel aufgedeckt werden;
- schuldhaftes oder vorwerfbares Verhalten offensichtlich nicht vorliegt bzw. offensichtlich ist, dass objektive oder subjektive Tatbestandsmerkmale mit Gewissheit nicht nachzuweisen sind.

Gerade im letzteren Fall kann ein Tax CMS helfen, um so von vornherein für den Prüfer den Kontakt zur Bustra »guten Gewissens« nicht nötig zu machen.

3.6.8 Der Steuerberater als Straftäter im Zusammenhang mit Tax CMS

Ein Tax CMS kann dazu führen, dass der Steuerberater Kenntnis über Unregelmäßigkeiten im Unternehmen des Steuerpflichtigen erhält. Folglich kann die Frage entstehen, wie der Steuerberater dann zu handeln hat. Gegebenenfalls könnte er nämlich ansonsten als Täter oder Gehilfe einer Steuerstraftat bzw. Ordnungswidrigkeit in Frage kommen. Neben der Bestrafung droht ihm in einem solchen Fall die Haftung nach § 71 AO.

Neben anderen denkbaren Straftaten (wie etwa der Urkundenfälschung nach § 267 Abs. 1 StGB, der Fälschung technischer Aufzeichnungen nach § 268 Abs. 1 StGB oder der Urkundenunterdrückung nach § 274 Abs. 1 StGB) stellt sich für den Steuerberater häufig die Frage, ob er Teil einer Steuerhinterziehung ist. Da die Steuerhinterziehung nach § 370 Abs. 1 Nr. 1 StGB ein Jedermann-Delikt ist, kommt auch der Steuerberater als Täter in Frage. Dies ist sicherlich der Fall, wenn er in einen entsprechenden Tatplan eingeweiht war. Gutgläubigkeit lässt dagegen die Täterschaft wie auch eine Gehilfenstellung ausscheiden.

Zu beachten ist insoweit, ob der Steuerberater eine Steuerhinterziehung durch Unterlassen nach § 370 Abs. 1 Nr. 2 AO begehen kann. Diese ist nur möglich, wenn ihn entsprechende Erklärungs- oder Mitwirkungspflichten treffen. Eine solche Pflicht kann sich aus der allgemeinen Berichtigungspflicht bei Erklärungen nach § 153 Abs. 1 Nr. 1 AO ergeben. Allerdings setzt dies voraus, dass eine »eigene Erklärung« des Steuerberaters vorliegt. Anders als im Fall der vom Steuerpflichtigen unterschriebenen Einkommen-/Gewerbesteuer- oder Umsatzsteuererklärung kann dies nur im Fall von Voranmeldungen, etwa Umsatzsteuer- oder Lohnsteuervoranmeldungen, der Fall sein. Bei nachträglichem Erkennen einer Unrichtigkeit, etwa in Folge eines Tax CMS, besteht dann für den Steuerberater Berichtigungspflicht. Der BGH nimmt diese Berichtigungspflicht auch im Fall des bedingten Vorsatzes oder der Leichtfertigkeit an (BGH vom 17.03.2009, 1 StR 479/08, NStZ 2009, 508).

Als Gehilfe kann der Steuerberater bestraft werden, wenn er vorsätzlich einem anderen (dem Steuerpflichtigen) zu dessen vorsätzlich begangener rechtswidriger Tat Hilfe geleistet hat (§ 27 Abs. 1 StGB). Insoweit ist die BGH-Rechtsprechung zu den berufstypischen, äußerlich neutralen Handlungen entscheidend (vgl. nur BGH vom 21.08.2014, 1 StR 13/14, NStZ-RR 2014, 316). Es gilt:

- Weiß der Steuerberater vom strafbaren Handeln des Steuerpflichtigen, ist seine Hilfeleistung (immer) als Beihilfehandlung zu werten.
- Weiß der Steuerberater vom strafbaren Handeln des Steuerpflichtigen, hält es aber (lediglich) für möglich, dass sein Tun zur Begehung einer Straftat genutzt wird, ist dies regelmäßig noch nicht als Beihilfehandlung zu werten, es sei denn, das von ihm erkannte Risiko des strafbaren Verhaltens des Steuerpflichtigen ist derart hoch, dass er sich mit seiner Hilfeleistung der Förderung eines erkennbar tatgeneigten Täters bewusst sein muss.

Missbilligt der Steuerberater das Verhalten des Steuerpflichtigen, reicht es nicht aus, dass er diesem seine Missbilligung mitteilt (BGH vom 01.08.2000, 5 StR 624/99, BGHSt 46, 107). Entdeckt er die Steuerhinterziehung später, etwa im Rahmen des Tax CMS, verbietet sich zwar nach § 57 Abs. 1 StBerG, § 203 StGB eine Anzeige bei der Finanzbehörde. Der Steuerpflichtige ist jedoch zur Selbstanzeige zu überzeugen. Ansonsten ist das Mandat niederzulegen, will der Steuerberater sich nicht der Gefahr der Strafbarkeit als Gehilfe aussetzen.

3.6.9 Verfahrensdokumentation

Die »Grundsätze zur ordnungsmäßigen Führung und Aufbewahrung von Büchern, Aufzeichnungen und Unterlagen in elektronischer Form sowie zum Datenzugriff (GoBD)«, BStBl I 2014, 1450, verlangen in Rz 151, dass jedes Unternehmen eine geschlossene Verfahrensdokumentation erstellen muss, aus der Inhalt, Aufbau, Ablauf und Ergebnis des Datenverarbeitungsverfahrens vollständig und schlüssig ersichtlich sind. Wie eine solche Verfahrensdokumentation aussehen soll, ist abhängig von dem eingesetzten IT-System und der Organisationsstruktur des Unternehmens. Ein Musterbeispiel für Kleinunternehmen hat etwa der Verlag des wissenschaftlichen Instituts der Steuerberater GmbH (DWS) als Merkblatt 9/2017 (Nr. 1807) herausgegeben.

Anhand der Verfahrensdokumentation soll der Betriebsprüfer entweder das eingesetzte EDV-System mit genügendem Verständnis selbst bedienen können (sog. direkter Zugriff Z1) oder den Zugriff der Mitarbeiter des Steuerpflichtigen (sog. indirekter Zugriff Z2) beurteilen können.

Sind die Nachvollziehbarkeit und die Nachprüfbarkeit nicht möglich, weil die Verfahrensdokumentation unvollständig ist, ist die Finanzverwaltung in Rz 155 der GoBD der Ansicht, dass ein formeller Mangel der Buchführung vorliege, der bis zur Verwerfung der Buchführung mit anschließender Hinzuschätzung führen könne. Rechtsprechung insoweit existiert noch nicht.

Im Rahmen der Erstellung eines Tax CMS scheint es deshalb sinnvoll, auch über die Erstellung einer Verfahrensdokumentation zu sprechen – und nachfolgend in einer Art zweitem Schritt eine solche zu erstellen. Schließlich ist die Darstellung steuerlich relevanter Daten Teil einer solchen Verfahrensdokumentation. Zunächst könnte es aber ausreichen, eine aktuelle Zusammenstellung der unterschiedlichen Beschreibungen und Handbücher der IT zu fertigen und ein übersichtliches Inhaltsverzeichnis mit Darstellung der Navigationsmöglichkeiten bereitzuhalten (so auch Brinkmann, Schätzungen im Steuerrecht, 146).

3.6.10 Die Haftung für (fremde) Steuern

Neben der drohenden Strafe bzw. Buße ist im Steuerrecht auch die Haftung für fremde Steuern zu beachten. Diese Haftung dient der Durchsetzung des Steueranspruchs, indem anstelle bzw. auch neben dem Steuerpflichtigen Dritte haften. Neben den Ehegatten, die im Rahmen der Zusammenveranlagung gemäß § 44 AO für die Einkommensteuer des jeweils anderen haften, trifft dies insbesondere GmbH-Geschäftsführer, auch kleiner wie mittlerer Unternehmen, nach § 69 AO. Diese haften für Steuern der juristischen Person, die selbst Steuerpflichtige im Bereich von Körperschaftsteuer und Gewerbesteuer, aber auch der Umsatzsteuern ist. So kann sich der Geschäftsführer trotz der haftungsbegrenzten Rechtsform nicht sicher sein, letztlich (insbesondere im Fall einer Insolvenz der Gesellschaft) deren Steuerschuld entrichten zu müssen.

Daneben bestimmt § 71 AO eine über die Strafe hinausgehende Haftung für den Steuerhinterzieher wie auch Steuerhehler. Soweit Steuerhinterziehung und damit zumindest bedingter Vorsatz gegeben ist, kann die Finanzverwaltung auch von den als Täter oder Teilnehmer (insbesondere Gehilfe) handelnden Personen die Zahlung der insoweit betroffenen Steuern verlangen. Häufig ist diese Wirkung von Steuerhinterziehung deutlich schmerzhafter als die ggf. zur Bewährung ausgesetzte Strafe.

Zu § 69 AO (Haftung der Vertreter und Geschäftsführer):
Die nach § 34 AO handelnden gesetzlichen Vertreter natürlicher wie juristischer Personen, etwa der GmbH-Geschäftsführer i. S. d. § 35 GmbHG oder der AG-Vorstand (§ 78 AktG), haften nach § 69 Satz 1 AO, soweit Steueransprüche infolge vorsätzlicher oder grob fahrlässiger Verletzung der ihnen auferlegten Pflichten nicht oder nicht rechtzeitig festgesetzt oder erfüllt werden. Diese Haftung betrifft aber auch den Generalbevollmächtigten wie den kommissarischen oder faktischen Geschäftsführer, die als Verfügungsberechtigte i. S. des § 35 AO ebenfalls nach § 69 Satz 1 AO haften. Keine Haftung nach § 69 Satz 1 AO trifft in der Regel die Prokuristen (vgl. § 49 HGB). Auch der Steuerberater ist nur ein Beauftragter des Geschäftsherrn und fällt grundsätzlich nicht unter §§ 34, 35 AO, es sei denn, er ist aufgrund von Mitsprache- und Verfügungsrechten als »faktischer Geschäftsführer« anzusehen. Im Fall des Prokuristen kann eine Haftung nach § 69 Satz 1 AO i. V. m. § 35 AO jedoch vorliegen, wenn dieser im Rahmen seines Wirkungskreises aus § 49 HGB für die Erfüllung steuerlicher Pflichten zuständig ist (vgl. nur Scheel u. a., Abgabenordnung und FGO, 483).

Die Pflichtverletzung bestimmt sich aus den Einzelsteuergesetzen, mehrere Geschäftsführer haften zumindest im Rahmen ihrer Gesamtverantwortung, selbst dann, wenn die Geschäfte und damit die originäre Verantwortung aufgeteilt worden sind. Entsteht durch die Pflichtverletzung ein Steuerschaden, kann dieser als Haftungsschaden gegenüber dem Haftenden verlangt werden, wenn grobe Fahrlässigkeit oder Vorsatz vorliegen. Die Haftung selbst ist unbeschränkt und persönlich, so dass der Haftende mit seinem gesamten Privatvermögen haftet (vgl. nur Scheel u. a., Abgabenordnung und FGO, 490).

Zu § 71 AO (Haftung des Steuerhinterziehers und Steuerhehlers):
Soweit eine Steuerhinterziehung vorliegt, haften alle natürlichen Personen, die mit den Steuerangelegenheiten des Steuerpflichtigen zu tun hatten, sofern sie hierdurch zu Tä-

tern oder Teilnehmern der Steuerstraftat wurden. Auch ohne Verurteilung kann das Finanzamt die Haftung auf § 71 AO stützen, insbesondere dann, wenn das Steuerstrafverfahren nach §§ 398, 399 AO i. V. m. §§ 153, 153a StPO eingestellt worden ist. Verfahrenshindernisse wie die Selbstanzeige oder die Strafverfolgungsverjährung sind ohne Bedeutung. Der Grundsatz von »in dubio pro reo« gilt nicht (vgl. zum ganzen Scheel u. a., Abgabenordnung und FGO, 492).

Weitere Haftungstatbestände, gerade im Zusammenhang mit der richtigen Handhabung der Steuerrechtsvorschriften, sind:

- Lohnsteuerhaftung nach § 42d EStG;
- Haftung für Umsatzsteuern nach §§ 13a, 25d UStG.

Allen diesen Haftungstatbeständen gemeinsam ist, dass ihre Verwirklichung Folge eines fehlenden Tax CMS sein kann. Nicht nur im Fall von Steuerhinterziehung, sondern gerade auch bei fehlender Kontrolle durch die für steuerliche Zwecke verantwortlichen Personen im Unternehmen drohen Unternehmen wie auch den handelnden Personen Zahlungen, die das Unternehmen wie das Privatvermögen der Beteiligten massiv belasten können.

3.7 Exkurs: Zinsen

Neben der Gefahr von Steuernachzahlungen dürfen die Zinszahlungen nicht vernachlässigt werden. 16,4 % der steuerlichen Mehrergebnisse aus Betriebsprüfungen im Jahr 2016 entfallen auf Zinsen nach § 233a AO, ein Betrag von immerhin 2,2 Mrd. € (so BMF, Monatsbericht November 2017, 50). Mag die Höhe dieser Vollverzinsung mit 6 % p. a. derzeit auch nicht zweifelsfrei sein (vgl. insoweit nur BFH vom 25.04.2018, IX B 21/18, BStBl II 2018, 415), ist diese sog. Vollverzinsung dennoch weiterhin zu beachten. Ab dem Zinslauf, der nach § 233a Abs. 2 Satz 1 AO grundsätzlich 15 Monate nach Ablauf des Kalenderjahres, in dem die Steuer entstanden ist, beginnt, werden 0,5 % pro Monat (§ 238 Abs. 1 Satz 1 AO) berechnet.

3.8 Fazit

Unabhängig von der Frage, ob ein »innerbetriebliches Kontrollsystem«, gar ausgestaltet als Tax CMS, wirklich hilft, Strafen und Bußgelder zu verhindern oder vielleicht nur den Ablauf der Betriebsprüfung zu verkürzen, erscheint es sinnvoll, die steuerlichen Vorgänge im Betrieb zu kennen. Dies hilft nicht nur Haftungstatbestände zu vermeiden und sachgerecht zu handeln. Es schafft Rechtssicherheit im Alltag und eine gute Einschätzung im Rahmen des RMS der Finanzverwaltung.

4 Vom Tax Controlling zur Tax Compliance

4.1 Gründe für die Einrichtung eines steuerlichen betrieblichen Kontrollsystems

Unabhängig von den aufgezeigten Fragen rund um Straf- und Bußgeldrecht, die steuerliche Haftung und drohende Zinszahlungen lohnt sich die Einrichtung eines (auch) steuerlichen betrieblichen Kontrollsystems also, um steuerliche Fehler frühzeitig vermeiden zu können. Nicht erst bei der Erstellung von Steuerbilanz und/oder Gewinnermittlung sowie Steuererklärung gilt es, die steuerlich relevanten Vorgänge im Betrieb zu kennen und zu steuern. Dies betrifft nicht nur größere Unternehmen, sondern auch kleine und mittlere Unternehmen. Gerade dort muss aber ein effektives RMS ausreichen, um Kosten und Nutzen im richtigen Verhältnis zu behalten. Deshalb werden in solchen Unternehmen RMS vor allem sicherstellen müssen, dass die steuerlich relevanten Informationen bereitgestellt und dokumentiert werden und der steuerliche Berater wie die Finanzverwaltung diese so zur Verfügung gestellt bekommen, dass sie schnell und sicher arbeiten können. Dies stellt gleichzeitig sicher, dass die betrieblichen Abläufe, also das »Geschäft«, möglichst wenig durch steuerliche Probleme in Mitleidenschaft geraten. Die Zielsetzung muss dabei aber auch immer die gebotene Rechtsstaatlichkeit sein, will man den Weg vom Tax Controlling zum Tax Compliance gehen.

4.2 Tax Compliance: Umfang und Ausgestaltung

Das IdW hat im Rahmen seiner Praxishinweise 1/2016 zur Ausgestaltung und Prüfung eines Tax CMS gemäß IDW PS 980 **sieben Grundelemente** genannt:

- Kultur,
- Ziele,
- Risiken,
- Programm,
- Organisation,
- Kommunikation und
- Überwachung und Verbesserung.

Im Folgenden wird kurz und plakativ die inhaltliche Bedeutung und konkrete Ausgestaltung in mittleren und kleinen Unternehmen angerissen:

- **Kultur**
  »Wir zahlen Steuern – und halten uns dabei an Recht und Ordnung.«
  Das Unternehmen schafft eine Steuerrichtlinie für das Unternehmen, die durch

Schulung und Seminare bekannt gemacht wird. Dabei muss es darum gehen, dem Mitarbeiter klarzumachen, wo und wie ihn Steuern im betrieblichen Handeln betreffen. Er muss einen »Steuer-Führerschein« machen.

- **Ziele**
  »Wir leben steuerlich gesund und beugen Risiken vor.«
  Die Buchführung ist auch unter steuerlichen Gesichtspunkten zu führen. Dabei müssen erkannte steuerliche Risiken konsequent auf formelle und materielle Ordnungsmäßigkeit hin überprüft werden. Die Kontrollen sind als Optimierungsmöglichkeiten zu erkennen. Der »Steuer-Verkehr« erfordert ständige Rücksichtnahme.
- **Organisation**
  »Wir arbeiten vertrauensvoll mit dem richtigen Steuerberater zusammen.«
  Das Unternehmen muss lernen, Hand-in-Hand mit dem steuerlichen Berater zu leben. Dazu ist vom Unternehmen eine allgemein akzeptierte Person als Kontakt zum externen Berater zu benennen, an die steuerliche Fragestellungen der Mitarbeiter und der Unternehmensleitung herangetragen werden. Ggf. ist ein solcher »Steuer-Lotse«, wenn eine steuerlich orientierte Weiterbildung nicht möglich erscheint, neu einzustellen, etwa als Steuer-Fachangestellte(r). Dieser Steuer-Lotse hält darüber hinaus, soweit dies nicht durch den externen Berater geschieht, den Kontakt zur Finanzverwaltung, insbesondere im Rahmen von Betriebsprüfungen.
- **Risiken**
  »Wir wollen die Risiken kennen und einschätzen lernen, um optimal reagieren zu können.«
  Im Unternehmen muss steuerlich relevantes Arbeiten als eine Art gefahrgeneigte Arbeit erkannt werden. Dazu ist eine Risikoanalyse der Prozesse unter steuerlichen Gesichtspunkten (vom externen Berater) zu erstellen.
- **Programm**
  »Wir sind bereit eine steuerliche Steuerung des Unternehmens einzurichten und zu akzeptieren.«
  Im Unternehmen sind Steuern als Teil des wirtschaftlichen Erfolgs zu sehen. Es vorbeugend zu kontrollieren. Dazu sind Checklisten zu beachten und Stichproben vorzunehmen.
- **Kommunikation**
  »Wir lernen, auch über Steuern im Unternehmen zu reden.«
  Wirtschaftlicher Erfolg hängt auch davon ab, dass über steuerliche Zusammenhänge der betrieblichen Vorgänge geredet wird. Sinn und Umfang des »Steuer-Führerscheins« sind zu besprechen und dadurch zu optimieren.
- **Überwachung und Verbesserung**
  »Der Weg ist das Ziel – das Ziel ist das steuerliche Optimum.«
  Die steuerlich relevante Optimierung des Unternehmens ist zu bedenken und damit die »steuerliche Fahrpraxis« der Mitarbeiter zu verbessern. Dazu können Weiterbil-

dung, E-Mails, Jahresberichte des Steuerlotsen bzw. steuerlichen Beraters an die Mitarbeiter helfen.

Neben diesen sieben Zielen aus dem Tax CMS nach IDW PS 980 sollten aber auch noch folgende zwei Punkte beachtet werden:

- **Auslagerung**
  »Wir sind bereit abzugeben und zuzuhören.«
  Die Unternehmensleitung muss erkennen, welche steuerlichen Aufgaben an externe Berater abzugeben sind. Mit dessen Hilfe muss das Unternehmen steuerliche Risiken einschätzen und die Haftungsprobleme erkennen lernen.
- **Externe Prüfung**
  »Wir sind bereit, uns auch steuerlicher Kritik zu stellen.«
  Die Unternehmensleitung muss einschätzen lernen, dass nach der Einführung eines Tax CMS eine regelmäßige Prüfung, ggf. mit Testat eines Wirtschaftsprüfers, keine Formsache ist, sondern der selbstkritischen Verbesserung dienen kann.

4.3 Hinweise der Bundessteuerberaterkammer für ein steuerliches innerbetriebliches Kontrollsystem

Nach dem IdW hat auch die Bundessteuerberaterkammer (BStBK) eine Handreichung im Zusammenhang mit Tax Compliance herausgegeben. Auch sie empfiehlt die Dokumentation eines steuerlichen innerbetrieblichen Kontrollsystems, welches die Einhaltung steuerlicher Vorschriften gewährleisten soll und der Fehlervermeidung und -aufdeckung wie Risikominimierung dient. Dabei soll zumindest das Steuer-IKS als Teil eines Tax CMS verstanden werden. Dem Steuerberater kommt aus Sicht der BStBK dabei die Rolle des ersten Ansprechpartners zu, der bei kleinen Unternehmen die Steuerabteilung ersetzt. Er kann mit dem Aufbau und der Einführung eines Steuer-IKS wie auch der Überprüfung eines bestehenden dokumentierten Steuer-IKS beauftragt werden. Hinsichtlich des **Aufbaus eines Steuer-IKS** geht die BStBK von folgenden vier Schritten aus:

- Bestandsaufnahme,
- Risikoanalyse und -bewertung,
- Implementierung von Steuerungs- und Kontrollmaßnahmen,
- Dokumentation eines Steuer-IKS.

Anhand von zwei Modulen zur Umsatzsteuer und zur Lohnsteuer erläutert die BStBK ihre Vorstellungen. Die Hinweise der BStBK finden Sie im Anhang.

Teil II: Die praktische Ausgestaltung eines Tax CMS

1 Umsetzung

»Grau, teurer Freund, ist alle Theorie und grün des Lebens goldner Baum«, lässt Goethe Mephisto zu seinem Schüler Dr. Faust sagen. Die deutsche Fußballlegende Adolf Preißler machte daraus: »Grau ist alle Theorie – entscheidend is auf'm Platz.«

Beide Zitate bringen die entscheidende Schwierigkeit beim Thema »Tax Compliance« auf den Punkt: die praktische Umsetzung. Die Finanzverwaltung schweigt zu den konkreten Anforderungen an die Ausgestaltung eines Tax CMS. Wie konkret also ein solches steuerliches innerbetriebliches Kontrollsystem bzw. Tax CMS ausgestaltet sein muss, um den Anforderungen der Finanzverwaltung zu genügen, kann deshalb nicht mit Sicherheit gesagt werden.

Dafür hat das Institut der Wirtschaftsprüfer (IDW) am 31.05.2017 mit dem »IDW Praxishinweis 1/2016: Ausgestaltung und Prüfung eines Tax CMS gemäß IDW PS 980 (IDW Praxishinweis 1/2016) (Stand: 31.05.2017)« dargelegt, welche Anforderungen aus Sicht des IDW an ein Tax CMS zu stellen sind. Natürlich ist dieser IDW Praxishinweis für die Finanzverwaltung nicht bindend. Wenn schon, dann wird davon auszugehen sein, dass sich die Finanzverwaltung im Wesentlichen an dem IDW Praxishinweis orientiert. Allerdings ist auch dann nicht auszuschließen, dass sich im Detail Abweichungen ergeben können.

Die nachstehende Darstellung der praktischen Ausgestaltung eines Tax CMS geht deshalb von dem IDW Praxishinweis 1/2106 aus und unternimmt den Versuch, die zum Teil bewusst allgemein gehaltenen Darstellungen des IDW für die Praxis im Mittelstand besser greifbar zu machen. Dabei wird zwischen kleinen und mittelgroßen Unternehmen unterschieden.

Im Folgenden werden die sieben Grundelemente eines Tax-Compliance-Management-Systems (vgl. 4.2) im Hinblick auf die praktische Umsetzung ausführlich diskutiert.

1.1 Tax-Compliance-Kultur

Im IDW Praxishinweis heißt es zur Tax-Compliance-Kultur: »Eine Tax-Compliance-Kultur ist Teil der allgemeinen Compliance-Kultur des Unternehmens. Sie bildet die Grundlage für ein angemessenes und wirksames Tax CMS und wird insb. geprägt durch die Grundeinstellungen und Verhaltensweisen der geschäftsführenden Organe und des Managements sowie die Rolle der Aufsichtsorgane. Ausprägungen der Tax-Compliance-Kultur eines Unternehmens lassen sich z. B. an einer regelmäßigen Kommunikation von Tax-

Compliance Themen auf Ebene der Unternehmensleitung (tone at the top) und durch die Unternehmensleitung in das Unternehmen hinein (tone from the top) erkennen.«

Erforderlich und zweckmäßig ist es, mithin im Unternehmen eine Kultur zu schaffen, die die Einhaltung steuerlicher Vorschriften zu einem Teil des Unternehmensleitbilds macht. Es geht also darum, zum einen präventiv die Einhaltung steuerlicher Vorschiften von allen Organen und Mitarbeitern zu fordern und kontrollierend Verstöße gegen steuerliche Vorschriften aufzudecken. Sinnvollerweise sollte die Tax-Compliance-Kultur schriftlich niedergelegt werden, und zwar in einer »Steuerrichtlinie«. Dieses Dokument sollte allen Mitarbeitern übergeben werden, die mit steuerlich relevanten Themen in Berührung kommen, also neben der Steuerabteilung oder dem »Steuer-Lotsen« dem Einkauf, dem Vertrieb, dem Controlling und der Buchhaltung. Den Empfang der Steuerrichtlinie sollte sich die Geschäftsleitung in jedem Fall quittieren lassen. Es empfiehlt sich, die Tax-Compliance-Kultur durch regelmäßige Schulungen und Seminare für die betroffenen Mitarbeiter zu unterlegen. Auch dürfte sich empfehlen, die Unternehmens-Steuerrichtline von Zeit zu Zeit zu überarbeiten und aktualisierte Fassungen zur Verfügung zu stellen. Bei der Neueinstellung von Mitarbeitern in relevanten Unternehmensbereichen kann in den jeweiligen Arbeitsvertrag aufgenommen werden, dass sich der Mitarbeiter verpflichtet, in Ausübung seiner Tätigkeit nicht gegen steuerliche Vorschiften zu verstoßen und alle steuerlichen Regelungen nach bestem Wissen einzuhalten. Alternativ oder zusätzlich kann die Unternehmens-Steuerrichtline als Anlage zum Arbeitsvertrag genommen werden. Zur Implementierung einer Tax-Compliance-Kultur ist eine schriftliche Dokumentation – einschließlich der Dokumentation des Empfangs durch die relevanten Mitarbeiter – in jedem Fall empfehlenswert.

Bei der Umsetzung gilt es die folgenden Themen zur Einführung einer Tax-Compliance-Kultur in Abhängigkeit von der Unternehmensgröße zu beachten:

Mittelgroßes Unternehmen

- Umfassende »Steuerrichtlinie« erstellen
- Übergabe an Mitarbeiter in:
  - Steuerabteilung/«Steuer-Lotse«
  - Einkauf
  - Vertrieb
  - Controlling
  - Buchhaltung
- Quittierung der Übergabe
- Schulung der betreffenden Mitarbeiter
- Regelmäßige Überarbeitung der Steuerrichtlinie
- Aufnahme in den Arbeitsvertrag, jedenfalls bei Neueinstellungen

- Grundsatz vermitteln: »Steuerliche Vorschriften sind bei der Tätigkeit nach bestem Wissen und Gewissen zu beachten«
- Implementierung des Tax CMS dokumentieren

Kleinunternehmen
- »Steuerrichtlinie« (Umfang: wenige Seiten) durch den Steuerberater erstellen lassen
- Übergabe an alle Mitarbeiter und »Steuerlotsen«
- Quittierung der Übergabe
- Schulung des Steuerlotsen
- Jährliche Überprüfung der Steuerrichtlinie
- Dokumentation der regelmäßigen Besprechung mit dem Steuerberater

1.2 Tax-Compliance-Ziele

Im IDW Praxishinweis heißt es zu den Tax-Compliance-Zielen:

»Die gesetzlichen Vertreter legen auf der Grundlage der allgemeinen Unternehmensziele und einer Analyse und Gewichtung (z. B. branchenspezifische Bedeutung) der vom Unternehmen zu beachtenden Regeln die Ziele des Tax CMS fest. Die Tax-Compliance-Ziele stellen die Grundlage für die Beurteilung von Tax-Compliance-Risiken dar. Bei der **Festlegung der Tax-Compliance-Ziele** sollten u. a. die folgenden Aspekte beachtet werden:
- Konsistenz der unterschiedlichen Ziele;
- Verständlichkeit und Praktikabilität der Ziele;
- Messbarkeit des Grades der Zielerreichung;
- Abstimmung mit den verfügbaren Ressourcen.

Mit den aus der Unternehmensstrategie abgeleiteten Tax-Compliance-Zielen gibt das Unternehmen den Rahmen und die Aufgaben für die Steuerfunktion vor. Verantwortlich für die Festlegung der Tax-Compliance-Ziele ist die Unternehmens- oder Konzerngeschäftsleitung. Tax-Compliance-Ziele können z. B. in einer Steuerrichtlinie, einem Leitbild oder Verhaltenskodex oder in gesonderten Dokumenten definiert und dokumentiert werden. Mit abnehmender Komplexität [...] sinken die Anforderungen an die Dokumentation.«

Zum Teil werden sehr allgemein gehaltene **denkbare Tax-Compliance-Ziele** vorgeschlagen (vgl. Behringer, BBK Nr. 18 vom 15.09.2017 – NWB DokID [VAAAG-56307]) wie z. B.:
- Steuerung der Konzernsteuerquote,
- Vermeidung von steuerlichen Nebenleistungen,
- Vermeidung von steuerlichen Risiken,

weitgehende Sicherheit bezüglich der Einhaltung aller Rechtspflichten.

In dieser Allgemeinheit sind das sicherlich Ziele, die im steuerlichen Bereich von fast allen rechtstreuen Unternehmen angestrebt werden. Als Tax-Compliance-Ziele indes erscheinen Sie zwar als »Rahmen«-Ziele geeignet, im Einzelnen jedoch zu wenig konkret gefasst, um deren Erreichung zielgenau kontrollieren zu können.

Von daher sollte eine detaillierte Zielformulierung erfolgen. Ausgehend vom Ziel, steuerlich korrekt und risikovorbeugend zu agieren, geht es vor allem um die Ordnungsmäßigkeit des steuerlichen Handelns in formeller und materieller Hinsicht. Dabei wird die Formulierung und Definition der Tax-Compliance-Ziele in hohem Maße von der Größe und Komplexität des betroffenen Unternehmens beeinflusst.

Bei kleinen Handwerksbetrieben mit wenigen Mitarbeitern dürfte die Tax-Compliance-Zielsetzung vielfach wie folgt aussehen:

- Die fristgerechte Abgabe der Steuererklärungen und -voranmeldungen, insbesondere im Bereich der Umsatzsteuer und Lohnsteuer sowie der zutreffenden Abgrenzung des privaten vom betrieblichen Bereich, ist sicherzustellen.
- Daneben sind bei solchen kleinen Unternehmen systematische Vorkehrungen zur Fehlervermeidung und eine ordnungsgemäße Archivierung hilfreich (Jope/Rotbart in IDW (Hrsg.), Tax Compliance, 73, 79).
- In bargeldintensiven Betrieben ist die Ordnungsmäßigkeit der Kassenbuchführung sicherzustellen.

Für die Mehrzahl der **mittelständischen Unternehmen** dürften (unter anderem) die folgenden Tax-Compliance-Ziele relevant sein (vgl. auch Hammerl/Hiller, NWB vom 14.11.2016, 3448):

- Die Buchhaltung soll monatlich Stichproben auf Ordnungsgemäßheit der Rechnungen nach Maßgabe der umsatzsteuerlichen Vorschiften durchführen;
- Ein »Tax Health Check« wird als Zielvereinbarung mit den Geschäftsführern aller in- und ausländischen Tochtergesellschaften turnusmäßig (z. B. alle drei Jahre) vereinbart;
- Die Geschäftsführer aller in- und ausländischen Tochtergesellschaften müssen Steuerrisiken jährlich melden;
- Korrekte und zeitnahe Meldung nicht abzugsfähiger Betriebsausgaben (Bewirtung, Geschenke), insbesondere aus dem Vertrieb;
- Sicherstellung der Einhaltung lohnsteuerlicher Regelungen, insbesondere im Zusammenhang mit Dienstreisen, Spesen und bei der Kfz-Überlassung;
- Sicherstellung angemessener Verrechnungspreise (arm`s length) bei unternehmensgruppeninternen Leistungen;
- Sicherstellung der rechtzeitigen Abgabe aller relevanten Steuererklärungen und -voranmeldungen;

- Sicherstellung der Einhaltung steuerlicher Fristen (z. B. Behaltefristen);
- Ordnungsgemäße Kassenführung, insbesondere bei Bargeld-lastigem Geschäft.

Bei der Formulierung der Ziele sollte darauf geachtet werden, dass möglichst wenige Auslegungen des Ziels möglich sind, damit die Zielerreichung den Mitarbeitern als konkrete Arbeitsanweisung dienen kann (Behringer, BBK Nr. 18 vom 15.09.2017 – NWB DokID [VAAAG-56307]).

Je nach Größe und Branche des Unternehmens können sich weitere Ziele ergeben oder einzelne der vorgeschlagenen Ziele entfallen. Eine abschließende Darstellung ist insofern sicher nicht möglich. Der Steuerberater hat im Rahmen einer auch das Tax Compliance umfassenden Beratung eine Art Sensitivitätsanalyse durchzuführen. Er kennt die steuerlichen Probleme und hat sich deshalb mit den Prozessabläufen im Unternehmen bekannt zu machen.

1.3 Tax-Compliance-Organisation

Zur Tax-Compliance-Organisation heißt es im IDW-Praxishinweis:

»Das Management regelt die Rollen und Verantwortlichkeiten (Aufgaben) sowie die Ablauforganisation für die Einhaltung der steuerlichen Pflichten als integralen Bestandteil der Unternehmensorganisation und stellt unter Berücksichtigung der Verhältnisse der Gesamtorganisation des Unternehmens die für ein Tax CMS notwendigen Ressourcen zur Verfügung (z. B. Mitarbeiter, IT, Experten). Die Organisations- und Strukturentscheidungen umfassen sowohl eine Verteilung von Aufgaben auf nachgelagerte Unternehmensteile (vertikale Delegation) als auch ggf. auf verschiedene Ressorts eines Geschäftsleitungsgremiums (horizontale Delegation) in klarer und eindeutiger Weise. Die Aufgabenverteilung muss sich in nachvollziehbarer Weise auf Delegationsentscheidungen bis hin zur Unternehmensleitung zurückführen lassen. Die Durchsetzung der Entscheidungen wird durch angemessene Weisungsstrukturen sichergestellt.«

Wie das Tax CMS zu organisieren ist, hängt ganz wesentlich von der Größe und Komplexität des jeweiligen Unternehmens ab. Nicht in jedem Fall ist es erforderlich, in der Organisation des Unternehmens einen Mitarbeiter speziell nur oder überwiegend mit Tax-Compliance-Themen zu betrauen (sog. Tax Compliance Officer, TCO). Doch auch in einem noch so kleinen Betrieb sollte ein Mitarbeiter für steuerliche Belange zuständig sein (»Steuerlotse«). Dies kann auch ein steuerlich fortgebildeter Mitarbeiter der Buchführung oder die Chefsekretärin sein.

Gerade in kleinen Handwerksbetrieben mit wenigen Mitarbeitern obliegt die kaufmännische Führung oft allein dem Betriebsinhaber oder aber einem kaufmännischen Leiter, häufig ist dies der Ehegatte des Betriebsinhabers. In solchen Betrieben wäre es eine Überforderung, wenn wegen der Einführung eines Tax CMS zusätzliches Personal eingestellt werden müsste oder bestehende Mitarbeiter einen großen Teil ihrer Arbeitszeit auf das Thema »Tax Compliance« verwenden müssten. Doch schadet es auch dort nicht, jemanden als »Steuerlotsen« für Unternehmensleitung, Finanzamt und insbesondere Steuerberater damit zu betrauen, auch für steuerliche Probleme und Fragestellungen bereit zu sein und sich schulen zu lassen. Ansonsten reichen in solchen Kleinbetrieben sehr einfache und wenige **organisatorische Maßnahmen zur Etablierung eines Tax CMS** aus (vgl. auch Jope/Rotbart in IDW (Hrsg.), Tax Compliance, 79 f.), wie z. B.:

- **Auswahl eines geeigneten Steuerberaters**
  Vom Steuerberater wird häufig auf das Unternehmen geschlossen. Die Seriosität des Beraters ist deshalb sehr wichtig.
  Rechtzeitige und vollständige Unterlagen- und Informationsweitergabe an den Steuerberater Es ist zu klären, wer hierfür verantwortlich ist und wie die Weitergabepflicht kontrolliert wird.
- **Überwachung des Steuerberaters**
  Auch von Seiten des Unternehmens ist zu beobachten, ob der Steuerberater seinen Aufgaben/Versprechungen nachkommt.
- **Vertretungsregelungen, insbesondere für Urlaub und Krankheit des kaufmännischen Leiters und des „Steuer-Lotsen"**
  Das Wissen und die Erfahrung mit Steuern ist auf mehrere Schultern zu verteilen. Gerade der Vertreter ist geeignet, im Gespräch mit dem »Steuer-Lotsen« Feedback zu geben und von dessen Erfahrungen zu profitieren.
- **Sicherstellung der ordnungsgemäßen Kassen- und Kassenbuchführung durch entsprechende schriftlich fixierte Handlungsanweisungen an die Mitarbeiter und Kontrollen durch die Geschäftsleitung**
  Je wichtiger Bargeld im Unternehmen ist, desto wichtiger ist die Ordnungsmäßigkeit dieses Bereichs zu beachten, zu kontrollieren und zu schulen. Regelmäßig empfiehlt sich die Auseinandersetzung mit der Literatur, mag sie auch von Finanzbeamten erstellt worden sein (etwa Teutemacher, Handbuch der Kassenführung, 2018).
- **Je nach Unternehmensgröße kann sich ein Vier-Augen-Prinzip empfehlen**
  Alle Bereiche, die als risikobehaftet gelten, sind durch die Einbeziehung weiterer Personen nach dem Vier-Augen-Prinzip zu kontrollieren. Dies beinhaltet im Übrigen auch die Offenheit gegenüber Dritten (Finanzamt, Steuerberater).

Typische steuerlich relevante Geschäftsvorfälle können für die Mitarbeiter übersichtlich aufbereitet in einer Muster-Akte zur Verfügung gestellt werden.

Je größer und komplexer das Unternehmen ist, umso komplexer und aufwendiger ist auch die Organisation des Tax-Management-Systems. Was die Organisation eines Tax CMS angeht, wird zwischen Ablauf- und Aufbauorganisation differenziert (Hammerl/Hiller, NWB vom 14.11.2016, 3448; Bleckmann, BB 2017, 354).

Für eine geeignete **Aufbauorganisation** sind – ggf. gestaffelt nach Steuerarten – diejenigen Unternehmensteile zu identifizieren, die steuerlich relevante Entscheidungen treffen. Im Rahmen dessen ist durch geeignete Organisationsmaßnahmen sicherzustellen, dass diese Entscheidungen Compliance-konform erfolgen. Ein Meldewesen kann die Steuerabteilung und/oder den Tax Compliance Officer/Steuer-Lotsen – je nach steuerlicher Risikoneigung des jeweiligen Geschäftsvorfalls – in die Entscheidungsprozesse einbinden oder aber eine Kontrolle der erfolgten Entscheidungen durch die Steuerabteilung und/oder den Tax Compliance Officer/Steuer-Lotsen gewährleisten. Eine klare Verteilung der Verantwortlichkeiten zwischen der Geschäftsführung – der freilich stets eine Pflicht zur ordnungsgemäßen Auswahl und Überwachung zukommt – den Mitarbeitern und externen Beratern ist unerlässlich. Die Aufbauorganisation hat also neben diesem Funktionssystem auch ein geeignetes Informations- und Überwachungssystem zu gewährleisten (vgl. auch Besch/Starck in Hauschka/Mossemayer/Lösler, Corporate Compliance, § 33 Rn. 91).

Die **Ablauforganisation** ist Folge der geeigneten Aufbauorganisation. Die Prozesse werden so eingerichtet, dass sie sich in die Aufbauorganisation einfügen. Umgekehrt wird sich die Aufbauorganisation an den unternehmensinternen Prozessen ausrichten, soweit diese aus Compliance-Sicht für gut befunden sind. Beispielsweise werden der Einkauf bzw. der Verkauf der jeweiligen Konzerngesellschaft, die ein konzerninternes Verrechnungspreisthema als steuerlich problematisch identifizieren, diese Problematik im Rahmen einer sinnvollen Ablauforganisation an die Steuerabteilung bzw. den Tax Compliance Officer/Steuer-Lotsen adressieren, bevor in den Konzerngesellschaften eine Entscheidung getroffen wird. Die zuständige Stelle – Steuerabteilung bzw. Tax Compliance Officer/Steuer-Lotse – ist im Rahmen der Aufbauorganisation geregelt. Bei kleineren Unternehmen reicht es häufig aus, die Bereitschaft zu fördern, den Steuer-Lotsen zu fragen. Diesem obliegt es dann, sollte er nicht (sofort) eine Antwort parat haben, den Steuerberater bzw. dessen Mitarbeiter zu kontaktieren.

Neben der Einrichtung einer eigenen Compliance-Stelle im Unternehmen werden nach Identifizierung der relevanten steuerlichen Kernprozesse zur **Ablauforganisation** eines Tax CMS die folgenden Projekte (auch **für mittelgroße Unternehmen**) vorgeschlagen (vgl. Kroll in IDW (Hrsg.), Tax Compliance, 2017, 91, 104):

- Schaffung einer Konzernsteuerrichtline, auch unter Zusammenfassung etwaiger bisheriger Einzelrichtlinien;

- Klare Definition der Verantwortlichkeiten, auch in der Konzernrichtlinie;
- Einführung bzw. Optimierung des Meldewesens (Reporting-Prozesse) zwischen der zentralen Finanzabteilung, der Steuerabteilung und den Tochtergesellschaften;
- Umsetzung der GoBD-Vorgaben;
- Prozessoptimierung im Bereich der Umsatzsteuer (dazu näher Bleckmann, BB 2017, 354);
- Vereinheitlichung und Weiterführung der Verrechnungspreisdokumentation im internationalen Kontext.

Für **kleine Unternehmen**, insbesondere Handwerksbetriebe, bedeutet dies entsprechend:
- Erstellung wichtiger steuerlicher Grundregeln (durch Steuer-Lotsen oder Steuerberater), die im Betrieb unbedingt zu beachten sind;
- Benennung des Steuer-Lotsen (ggf. Einstellung bzw. Schulung einer geeigneten Person);
- Schulung der Mitarbeiter in risikorelevanten Bereichen (Umsatzsteuer, Lohnsteuer, nichtabziehbare Betriebsausgaben, Kasse).

1.4 Tax-Compliance-Risiken

Das Erkennen und Vermeiden von steuerlichen Risiken sowie der richtige Umgang mit Fehlern ist eines der zentralen Anliegen eines Tax CMS.

Das IDW führt zum Bereich der Tax Compliance Risiken u. a. Folgendes aus:

»Unter Berücksichtigung der Tax-Compliance-Ziele werden die Tax-Compliance-Risiken, d. h. die Risiken für Verstöße gegen einzuhaltende Regeln, festgestellt. Hierzu wird eine der Unternehmensorganisation angemessene systematische Risikoerkennung und -beurteilung durchgeführt. Risiken sind hierbei zu identifizieren und in Risikoklassen einzuordnen. Dabei sind ihre Eintrittswahrscheinlichkeit und mögliche Folgen zu berücksichtigen. Tax-Compliance-Risiken sind bspw. bezogen auf die jeweilige Steuerart und die damit verbundenen Prozesse festzustellen und schriftlich festzuhalten. Folgen von Regelverstößen können z. B. finanzieller und bilanzieller Art sein.«

Die Bereiche, in denen Rechtsverstöße am ehesten drohen, sind unternehmens- und branchenspezifisch unterschiedlich. Für **kleinere und mittlere Handwerksbetriebe** identifizieren Jobe/Rotbart (in IDW (Hrsg.), Tax Compliance, 80 ff.) die folgenden **typischen Compliance-Risiken**:

- **Abgabe von Steuererklärungen**: Der Steuerpflichtige muss wissen, welche Steuererklärungen und -voranmeldungen wann abzugeben sind, um Rechtsverstöße allein aus dem Grund der unterlassenen Abgabe zu vermeiden;
- **Einhaltung der Buchführungs- und Aufzeichnungspflichten sowie Aufbewahrungspflichten**: Dies dürfte in größeren Betrieben in der Regel eine Selbstverständlichkeit sein, muss aber gerade in kleineren Betrieben explizit gewährleistet werden. Im besonderen Maße gilt dies für die Kassen- und Kassenbuchführung bei Bargeld-intensivem Geschäft. Insbesondere in Bereichen, in denen die Finanzverwaltung erfahrungsgemäß im Rahmen von Betriebsprüfungen hierauf ein besonderes Augenmerk legt (z. B. BMW-Betriebe), empfiehlt sich, das Schätzungsrisiko bei einer fehlerhaften Buchführung klar zu identifizieren und geeignete organisatorische Maßnahmen zur Vermeidung dieser Risiken zu treffen. Eine bloße Delegation der Buchführung auf den Steuerberater wird in vielen Fällen – gerade, wenn es um die Kassenbuchführung geht – nicht ausreichend sein. Zur Risikominimierung empfehlen sich schriftliche Handlungsanweisungen an die Mitarbeiter sowie eine engmaschige Kontrolle durch den Unternehmer sowie eine klare und dokumentierte Verteilung der Verantwortlichkeiten.
- **Einhaltung der Steuerzahlungspflichten**: Neben drohenden Säumniszuschlägen kann es bei der Nichtzahlung von Steuern ggf. nach § 69 AO auch zu einer Haftung der Organe kommen. Außerdem können »unerwartete« Steuerverbindlichkeiten die Liquidität unvorhergesehen belasten.
- **Einhaltung der Mitwirkungspflichten und der Wahrheitspflicht**: Dies betrifft u. a. die Mitwirkungspflichten nach § 90 AO und auch die Berichtigungspflicht nach § 153 AO.

Daneben werden in vielen Betrieben folgende **Steuerrisiken** bestehen:
- Ordnungsgemäßheit der Eingangsrechnungen (§§ 14, 14 a UStG);
- Korrekte umsatzsteuerliche Einordnung von Reihengeschäften und auslandsbezogenen Sachverhalten insgesamt;
- Unbeabsichtigte Teilnahme an einem Umsatzsteuer-Karussell (ggf. lässt sich durch ein Tax CMS insofern darlegen, dass der Steuerpflichtige von dem Karussell nichts wissen konnte);
- Verrechnungspreise;
- Verdeckte Gewinnausschüttungen (z. B. durch zu hohe Gesellschafter-Geschäftsführer-Gehälter und/oder unangemessene Dienstfahrzeuge);
- Pensionszusagen;
- Lohnsteuer (Dienstwagen, Bewirtung, etc.);
- Nicht abzugsfähige Betriebsausgaben, insbesondere Bewirtung und Geschenke.

Legen Sie die identifizierten Risiken schriftlich dar (ggf. in Matrix-Darstellungen) und mit einer Risikoeinschätzung (niedrig/mittel/hoch) versehen. Spiegelbildlich zu den identifizierten Risiken und deren Eintrittswahrscheinlichkeit sollte die Aufbau- und Ablauforganisation des Tax CMS so gestaltet werden, dass Risiken minimiert werden. Hinsichtlich dieser Bereiche unterscheiden sich die Unternehmen nicht nach der Größe, entscheidend ist die Art und Weise der Betriebsabläufe. Diese sind gegenüber dem Steuerberater offenzulegen und von ihm auf steuerliche Risiken zu analysieren.

1.5 Tax-Compliance-Programm

Das Tax-Compliance-Programm dient u. a. der Minimierung der identifizierten Tax-Compliance-Risiken. Das IDW geht hierzu schon recht weit ins Detail. Deswegen ist es sinnvoll, nicht nur die Einleitung, sondern fast den gesamten Passus zu Ziff. 4.3.5 des IDW-Praxishinweises 1/2016 wörtlich zu zitieren:

»Auf der Grundlage der Beurteilung der Tax-Compliance-Risiken werden Grundsätze und Maßnahmen eingeführt, die den Tax-Compliance-Risiken entgegenwirken und damit auf die Vermeidung von Compliance-Verstößen ausgerichtet sind. Das Tax-Compliance-Programm umfasst auch die bei festgestellten Compliance-Verstößen zu ergreifenden Maßnahmen. Maßnahmen des Tax-Compliance-Programms können präventiven und kontrollierenden Charakter haben.

Präventive Maßnahmen eines Tax-Compliance-Programms können z. B. sein:

- Erstellung von Richtlinien und fachlichen Anweisungen;
- Bereitstellung von Checklisten;
- Schulungen;
- Kommunikation von Rechtsänderungen;
- Zuständigkeitsregeln, Funktionstrennungen;
- Vertretungsregelungen;
- Unterschriftsregelungen;
- Berechtigungskonzepte (z. B. Zugriff auf Daten, Akten etc.);
- Dokumentationsanweisungen;
- Beschreibung der Aufgaben, die auf externe Dienstleister übertragen werden, und der Schnittstellen zu diesen Dienstleistern;
- Sicherstellung, dass zuständige Mitarbeiter stets auf Richtlinien und Organisationsanweisungen zugreifen können.

Kontrollierende Maßnahmen können bspw. sein:
- Prozessintegrierte Kontrollen (z. B. Vier-Augenprinzip);
- Systematische Auswertung von Daten auf Besonderheiten (Verprobungen, sonstige Plausibilitätsbeurteilungen);
- Organisatorische und/oder technische Kontrollen (z. B. IT zur Überwachung, automatisierte Plausibilitätskontrollen, Aussteuerung von Geschäftsvorfällen zur manuellen Prüfung etc.);
- Anlassbezogene oder stichprobenhafte Untersuchung, ob das Tax Compliance-Programm den betroffenen Mitarbeitern bekannt ist.«

Das Tax-Compliance-Programm sollte in die Aufbau- und Ablauforganisation des Tax CMS eingebettet sein. Sinnvoll erscheint es, auch das Tax-Compliance-Programm schriftlich zu fixieren und den Mitarbeitern dokumentiert zugänglich zu machen (z. B. über Schulungen und/oder das Konzern-Intranet).

Weitere wesentliche Aspekte des Tax-Compliance-Programms können – soweit diese Punkte nicht ohnehin selbstverständlicher Natur sind – darstellen:
- Ein professionelles Fristenkontrollsystem für die Abgabe von Steuererklärungen und -voranmeldungen sowie für die fristgerechte Bezahlung von Steuern;
- Die professionelle Überwachung sonstiger steuerlicher (Behalte-)Fristen, z. B. im Hinblick auf einbringungsgeborene Anteile, für Zwecke der Erbschaftsteuer (Lohnsummenregelung) oder für Zwecke der Investitionsplanung (§ 6b EStG).

1.6 Tax-Compliance-Kommunikation

Das IDW führt im Praxishinweis 1/2016 zur Tax-Compliance-Kommunikation Folgendes aus:

»Die jeweils betroffenen Mitarbeiter des Unternehmens und erforderlichenfalls Dritte, die in die Erfüllung der steuerlichen Pflichten des Unternehmens eingebunden sind, werden über das Tax-Compliance-Programm sowie die festgelegten Rollen und Verantwortlichkeiten informiert, damit sie ihre Aufgaben ausreichend verstehen und sachgerecht erfüllen können. Es wird festgelegt, wie Tax-Compliance-Risiken sowie Hinweise auf mögliche und festgestellte Regelverstöße an die zuständigen Stellen im Unternehmen (z. B. zuständige Mitarbeiter, die gesetzlichen Vertreter und erforderlichenfalls einen Compliance-Officer oder das Aufsichtsorgan) berichtet werden. Die Berichterstattung kann bei kleinen betrieblichen Einheiten informell erfolgen, bspw. in einem dokumentierten Gespräch. In Abhängigkeit von der Größe und Komplexität des Unternehmens [...] kann die Kommunikation bspw.

- die Festlegung von Berichtsanlässen, Berichtsinhalten und Berichtszuständigkeiten,
- Instruktionsprozesse (Arbeitsanweisungen etc.),
- Kommunikationsmittel (Newsletter, Mitarbeiterschulung etc.),
- die Festlegung der Verantwortlichkeiten für die Tax-Compliance-Kommunikation und
- die Verantwortlichkeiten bei Schnittstellen zwischen bspw. der Steuerabteilung, dem Risiko Management, dem Compliance-Officer und der internen Revision

beinhalten.«

Die beste ausformulierte Unternehmensteuer-Richtlinie, das beste Handbuch über Ausgestaltung und Organisation des Tax CMS (Tax Manual) und die besten Tax-CMS-konformen Organisationsstrukturen nützen nichts, wenn sie an die Mitarbeiter nicht hinreichend kommuniziert sind. Erforderlich ist also zum einen, dass die relevanten Mitarbeiter vom Tax CMS und seiner Ausgestaltung Kenntnis haben. Dies lässt sich am einfachsten dadurch dokumentieren, dass die Mitarbeiter den Empfang einer entsprechenden Unternehmens-Steuerrichtlinie bzw. eines entsprechenden »Tax Compliance Manual« quittieren. Um das Tax CMS mit Leben zu füllen, dürfte sich gerade im Rahmen der Einführung eine Schulung der Mitarbeiter und eine detaillierte Darstellung der neuen Prozesse und Organisationsstrukturen empfehlen. Unter Dokumentations- und Nachweisgesichtspunkten ist gerade die Unternehmens-Steuerrichtline bzw. das »Tax Compliance Manual« das entscheidende Dokument, das die Mitarbeiter nachweisbar kennen sollten (so auch Nowroth, NWB Nr. 38 vom 18.09.2017, 2932, 2938). Die Kommunikation an die Mitarbeiter hat in einer Weise erfolgen, die den Stellenwert von Tax Compliance für das Unternehmen unterstreicht, um zu vermeiden, dass etwa eine kommentarlos übermittelte E-Mail weitgehend unbeachtet bleibt.

Neben der Kommunikation der Existenz des Tax CMS sind auch die für das Tax CMS vorgesehenen Kommunikationswege zu beachten und zu nutzen. Dies betrifft zum Beispiel Meldepflichten und Überwachungspflichten. Ein offener Umgang mit Fehlern und die Kommunikation von Fehlern z. B. an die Steuerabteilung/an den Tax CMS Officer oder Steuer-Lotsen dokumentiert ebenfalls eine gute Kommunikation im Tax CMS.

1.7 Tax-Compliance-Überwachung und Verbesserung

Das Tax-Compliance-System wird in den wenigsten Fällen bereits mit seiner Implementierung optimal ausgestaltet sein. Auch durch Änderungen in den steuerlichen Rahmenbedingungen können sich erforderliche Änderungen am Tax CMS ergeben. Des Weiteren muss die Einhaltung der Compliance-Rahmenbedingungen überwacht werden. Das IDW führt im Praxishinweis 1/2016 dazu u. a. Folgendes aus:

»Das Tax CMS wird in geeigneter Weise überwacht. Voraussetzung für die Überwachung ist eine geeignete Dokumentation des Tax CMS. Zur Tax-Compliance-Überwachung zählen u. a. folgende **Aspekte**:
- Festlegung der Zuständigkeiten für die Tax Compliance-Überwachung;
- Entwicklung eines Überwachungsplans;
- Bereitstellung von ausreichend erfahrenen Ressourcen für die Durchführung der Überwachungsmaßnahmen;
- Untersuchungen durch die interne Revision, sofern vorhanden;
- Erstellung von Berichten über die Ergebnisse der Überwachungsmaßnahmen und Auswertung der Berichte durch die zuständige Stelle (z. B. Steuerabteilung).

Die Überwachungsmaßnahmen können sich bspw. beziehen auf:
- Einhaltung der Maßnahmen des Tax-Compliance-Programms,
- Überprüfung der Prozessabläufe in angemessenen Abständen,
- Wahrnehmung notwendiger Schulungs- bzw. Fortbildungsmaßnahmen,
- Schnittstellen zu den externen Dienstleistern.«

Für die Überwachungsmaßnahmen ist im Sinne der Aufbau- und Ablauforganisation eine geeignete Stelle im Unternehmen festzulegen. Die Überwachungsmaßnahmen sollten dokumentiert werden. Die Überwachung sollte zum einen turnusmäßig und zum anderen anlassbezogen erfolgen.

Die Weiterentwicklung des Tax CMS wird sich in der Regel im lebenden System mehr oder minder von selbst ergeben. Je nach Unternehmensgröße und Komplexität kann es aber sinnvoll sein, das System turnusmäßig auf den Prüfstand zu stellen. Daneben können sich anlassbezogene Verbesserungen und Änderungen ergeben. Bei kleinen Unternehmen kommt diese Überwachungsaufgabe dem Steuerberater zu, der im Rahmen seiner Abschlussarbeiten oder daneben die Art und Weise des Tax CMS zu untersuchen und diese Untersuchung zu dokumentieren hat. Ansonsten kann in kleinen Betrieben sich die Überprüfung und Weiterentwicklung des Tax CMS aus den regelmäßigen Gesprächen mit dem Steuerberater ergeben (Jope/Rotbart in IDW (Hrsg.), Tax Compliance, 88). Die Gespräche sind zu protokollieren.

1.8 Auslagerung des Tax CMS auf Dritte?

Vorstehend sind mögliche Ausgestaltungen eines Tax CMS in Anlehnung an den IDW Praxishinweis 1/2016 dargestellt worden. Kann das Tax CMS auf externe Dienstleister, zum Beispiel den Steuerberater, ausgelagert werden?

Bereits die Tax-Compliance-Kultur (s. II 1.2) bezieht sich originär auf das Unternehmen. Insofern könnte – theoretisch – eine vollständige Auslagerung nur erfolgen, wenn sämtliche steuerrelevante Funktionen im Unternehmen auf den Dritten verlagert sind. Da – wie gezeigt – zum Beispiel auch Einkauf und Verkauf steuerrelevant sind, erscheint das eher unrealistisch. Möglich ist es aber, einen »Ombudsmann« als wichtige Tax-Compliance-Stelle einzurichten, der auch ein externer Dienstleister sein kann (Streck in Streck/Mack/Schwedhelm, Tax Compliance, 57 f.). Ungeachtet dessen können wesentliche Tax-Compliance-**Funktionen ausgelagert** werdet, so zum Beispiel:

- Prüfung der Prozessabläufe auf steuerliche Relevanz;
- Beratung und Unterstützung bei der Implementierung bis hin zu einem umfassenden Vorschlag, den die Geschäftsführung bestätigt;
- Unterstützung bei der Einrichtung der Aufbau- und Ablauforganisation;
- Unterstützung bei der Identifikation der wesentlichen Tax-Compliance-Risiken; dabei stichprobenartige Untersuchung der betrieblichen Vorgänge auf Risikoerfassung im Zusammenhang mit der Erstellung von Steuererklärungen;
- Unterstützung bei der Kommunikation an die Mitarbeiter;
- Bericht mit Vorschlägen zur Errichtung eines Tax-CMS; Entwurf der Unternehmenssteuer-Richtline und des »Tax Manual«;
- Schulung der Mitarbeiter und der Unternehmensleitung in steuerlichen Fragen;
- Steuerliches Jahresgespräch unter Risikoaspekten mit Unternehmensleitung und Mitarbeitern;
- Hilfe bei der Auswahl und Weiterbildung eines Steuer-Lotsen; Entwicklung eines Steuer-Führerscheins;
- Weiterbildung organisieren und aktuelle Informationen zum steuerlichen Umfeld vorbereiten und kommunizieren;
- ggf. Ombudsmann, auch als ausgelagerte »Whistleblowing«-Stelle zur Meldung von Tax-Compliance-Verstößen.

Mit anderen Worten kann so gut wie die gesamte Einrichtung des Tax CMS ausgelagert werden, jedoch muss das System in der Praxis auch »gelebt« werden. Hierbei können externe Dienstleister nur noch bedingt unterstützend wirken. Das muss letztlich aus dem Unternehmen selbst heraus geschehen.

Fraglich ist aber, ob in kleinen Betrieben mit wenigen Mitarbeitern ein größeres Maß an Auslagerung möglich ist. Wenn sich die kaufmännische Leitung beim Betriebsinhaber und ggf. noch seinem Ehegatten bündelt und der Steuerberater beispielsweise die gesamte Buchführung übernommen hat, kommt es unseres Erachtens in Betracht, dass – gestützt durch entsprechende vertragliche Vereinbarungen – der Steuerberater in erhöhtem Maße in das Tax CMS einbezogen wird. Je kleiner und einfacher strukturiert mithin das Unternehmen ist, desto eher kann eine weitgehende Verlagerung des Tax CMS auf den Steuerberater stattfinden, freilich stets mit der Maßgabe, dass der Betriebsinhaber selbst auch den mit dem Steuerberater zu vereinbarenden Abläufen und der Tax-Compliance-Kultur folgt. Dies betrifft bei kleinen Unternehmen insbesondere:

- Prüfung der Prozessabläufe auf steuerliche Relevanz,
- Erstellung der Steuerrichtlinie,
- Hilfe bei der Auswahl und Weiterbildung des Steuer-Lotsen,
- Bericht mit Vorschlägen zur Errichtung eines Tax CMS,
- Entwicklung eines Steuer-Führerscheins
- Schulung von Mitarbeitern und Unternehmensleitung in steuerlichen Fragen,
- steuerliches Jahresgespräch unter Risikoaspekten mit Unternehmensleitung und Mitarbeitern.

Auch wenn das Unternehmen und dabei insbesondere die Unternehmensleitung für ein gelebtes Tax CMS verantwortlich ist, können Tätigkeiten also auf externe Dritte, insbesondere Steuerberater und Wirtschaftsprüfer, verlagert werden. Letztendlich bleibt die Verantwortung dennoch immer bei der Unternehmensleitung.

Wird der steuerliche Berater im Rahmen eines Tax CMS umfassend mit eingebunden bzw. werden Teile dieses Tax CMS auf ihn ausgelagert, können neben Haftungsfragen im Fall von Fehlern des steuerlichen Beraters auch Strafbarkeitsrisiken entstehen. So ist es denkbar, dass der umfassend informierte steuerliche Berater von der Finanzverwaltung der Beihilfe zur Steuerhinterziehung bzw. leichtfertigen Steuerverfehlung angesehen wird (vgl. insoweit Heuel/Konken, AO-StB 2017, 345 (353)).

1.9 Prüfung des Tax CMS durch einen Wirtschaftsprüfer?

Es besteht die Möglichkeit, ein Tax CMS – ggf. im Rahmen der Prüfung des CMS nach IDW PS 980 – von einem Wirtschaftsprüfer testieren zu lassen. Der Wirtschaftsprüfer wird sich bei der Prüfung von dem hier mehrfach angesprochenen Praxishinweis 1/2016 vom 31.05.2017 leiten lassen. Es handelt sich um eine freiwillige Prüfung, die gesetzlich nicht vorgeschrieben ist.

Das Testat eines Wirtschaftsprüfers ist keine Voraussetzung für ein Tax CMS, das praktisch funktioniert und von der Finanzverwaltung akzeptiert wird. Die Prüfung soll allerdings eine »vertrauensfördernde Transparenz« schaffen (Stauder in IDW (Hrsg.), Tax Compliance 2016, 43, 44).

Eine regelmäßige, am besten jährlich, z. B. im Rahmen der Jahresabschlussprüfung, erfolgende Prüfung des Tax CMS hilft auch unternehmensintern, das System praktisch zu leben und ständig weiterzuentwickeln, denn durch die turnusmäßige Prüfung wird vermieden, dass das System zum Papiertiger wird und sich selbst schleichend abschafft. Die regelmäßige Prüfung des Tax CMS schafft somit mehr als einen bloßen Vertrauenstatbestand. Sie dient – neben anderen Maßnahmen – der langfristigen Funktionsfähigkeit der Tax CMS.

Es dürfte davon auszugehen sein, dass die Finanzverwaltung bei der Überprüfung, ob ein Tax CMS genügt, um in den Genuss des Anwendungsbereichs des Anwendungserlasses zu § 153 AO, Nr. 2.6 zu kommen, ähnliche Kriterien zugrunde legen wird wie der Wirtschaftsprüfer. Da sich das Unternehmen bzw. dessen Organe möglicherweise jahrelang nicht gegenüber der Finanzverwaltung auf das Tax CMS berufen müssen, wird durch eine regelmäßige Prüfung auch das Risiko zumindest begrenzt, dass die Finanzverwaltung das Tax CMS nicht als solches im Sinne des Anwendungserlasses zu § 153 AO, Nr. 2.6 akzeptiert.

Vor diesem Hintergrund ist sowohl nach der erstmaligen Implementierung als auch danach möglichst jährlich eine Prüfung des Tax CMS durch einen Wirtschaftsprüfer zu empfehlen.

Nicht von der Hand zu weisen ist freilich auch, dass das Testat eines Wirtschaftsprüfers in der Tat die von Stauder (in IDW (Hrsg.), Tax Compliance 2016, 43, 44) angesprochene vertrauensfördernde Transparenz schafft.

2 Entwurf eines Tax Manual für ein mittelständisches Unternehmen

Die Unternehmens-Steuerrichtlinie und das Tax Manual, in das die Unternehmens-Steuerrichtlinie sinnvollerweise integriert ist, sind auf jedes Unternehmen maßgeschneidert zu erstellen. Dabei können sich in Abhängigkeit von der Größe und Komplexität des Unternehmens ganz erhebliche Unterschiede in der Ausgestaltung eines Tax CMS ergeben. Im Folgenden finden Sie also eine mögliche Vorgehensweise, einen praxisgerechten Leitfaden für ein imaginäres Unternehmen zu schaffen.

2.1 Ausgangslage

Das Tax Manual soll für ein international tätiges mittelständisches Produktionsunternehmen mit einem Umsatz von ca. 200 Mio. € und ca. 1.000 Mitarbeitern entworfen werden. Es handelt sich um eine deutsche GmbH mit diversen in- und ausländischen Tochtergesellschaften, bei der ein freiwillig durch Satzung gebildeter Beirat besteht.

Das Geschäft erfolgt im Wesentlichen mit anderen Unternehmen (B2B). Es besteht aber am Hauptsitz ein Werksverkauf auch an Verbraucher (B2C), der im Wesentlichen bar abgewickelt wird.

2.2 Leitbild

Wir, die Geschäftsführer des Unternehmens, sind bestrebt, stets eine gesetzeskonforme Unternehmensführung zu gewährleisten. Wir wollen, dass auch alle unsere Mitarbeiter sich stets gesetzeskonform verhalten. Das gilt für die gesamte Rechtsordnung und im Speziellen für das Steuerrecht.

Die Beachtung steuerlicher Vorschriften ist für die Zivilgesellschaft wichtig. Steuergerechtigkeit ist ein wesentliches Merkmal einer funktionierenden Demokratie. Wir bekennen uns als Teil der Zivilgesellschaft dazu, Steuergerechtigkeit zu leben und steuerliche Vorschriften zu beachten. Wir erwarten, dass unsere Mitarbeiter entsprechend handeln. Die Einhaltung der steuerlichen Regelungen ist für unser Unternehmen betriebswirtschaftlich sinnvoll, da hierdurch Planungssicherheit hergestellt wird und Risiken einer steuerlichen Betriebsprüfung minimiert werden.

Die Geschäftsführung bekennt sich dazu, dass es Leitbild unseres Unternehmens ist, steuerliche Vorschriften zu befolgen und nicht gegen steuerliche Vorschriften zu verstoßen. Dieses Unternehmensleitbild ist von unserem Beirat beschlossen und wird von ihm getragen.

Wir erwarten von allen unseren Mitarbeitern in Ausübung ihrer Tätigkeit für unser Unternehmen, jederzeit alle steuerlichen Vorschriften zu befolgen und nicht gegen steuerliche Regelungen zu verstoßen. Wer dem zuwider handelt, muss mit arbeitsrechtlichen Konsequenzen bis hin zur Kündigung seines Arbeitsvertrags rechnen. Wir erwarten weiter von unseren Mitarbeitern, dass sie Verstöße gegen steuerliche Vorschriften in unserem Unternehmen unverzüglich an den Tax Compliance Officer melden.

Fehler sind menschlich. Wir bekennen uns zu einem offenen Umgang mit Fehlern, auch im Hinblick auf die Einhaltung steuerlicher Vorschriften. Wir erwarten jedoch von unseren Mitarbeitern, dass sie mit ihren eigenen Fehlern und den Fehlern ihrer Kollegen, auch im Hinblick auf etwaige Verletzungen steuerlicher Vorschriften, offen umgehen. Wir erwarten von unseren Mitarbeitern, dass auch eigene Fehler unverzüglich nach Bekanntwerden dem Tax Compliance Officer gemeldet werden. Wer diese Meldepflichten verletzt, muss ebenfalls mit arbeitsrechtlichen Konsequenzen bis hin zur Kündigung des Arbeitsverhältnisses rechnen.

Wir bekennen uns zu einem Klima der Offenheit und Fairness. Unser Ziel ist es, dass in unserem Unternehmen alle steuerlichen Vorschriften jederzeit beachtet werden und – sofern dies im Einzelfall unterbleibt – unverzüglich eine Meldung an den Tax Compliance Officer erfolgt, der dann gemeinsam mit der Steuerabteilung und ggf. der Geschäftsführung entscheidet, wie der Fehler zu korrigieren ist.

Die Einhaltung sämtlicher steuerlicher Vorschiften in unserem Unternehmen ist notwendig und uns wichtig. Wir, die Geschäftsführer, werden in unseren Geschäftsleitungssitzungen die Fortschritte und Schwierigkeiten unseres Tax CMS erörtern mit dem Ziel, dieses beständig zu verbessern. Dem Beirat werden wir jährlich darüber berichten. Der Beirat hat zugesichert, dieses Thema dann ebenfalls jährlich in die Tagesordnung aufzunehmen.

Wir erwarten von unseren Mitarbeitern, dass die Steuerabteilung frühzeitig und umfassend in alle steuerrelevanten Fragen eingebunden wird. Erforderlichenfalls wird der Tax Compliance Officer hinzugezogen.

Wir führen ein Tax CMS ein. In diesem Zusammenhang wird ein steuerliches Berichts-, Melde- und Kontrollsystem eingerichtet. Dieses ist notwendig, um die Einhaltung steuerlicher Vorschiften zu gewährleisten und Fehler frühzeitig zu erkennen. Das Tax CMS ist von großer Bedeutung für unser Unternehmen, da es uns hilft, steuerliche Risiken – die letztlich betriebswirtschaftliche Risiken sind – zu minimieren sowie Steuernachzahlungen, Verspätungs-, Säumniszuschläge und Zinsen zu vermeiden.

Unser Ziel ist, dass das Leitbild der Befolgung steuerlicher Vorschriften und ein Klima der Offenheit und Fairness Einzug in unsere Unternehmenskultur halten. Wir, die Geschäftsführer, wollen mit den Mitarbeitern gemeinsam jeden Tag an der Verwirklichung dieses Ziels arbeiten.

2.3 Ziele

Unser Ziel ist es, tax compliant zu sein, d. h. wir wollen alle relevanten steuerlichen Vorschriften im In- und Ausland stets beachten. Im Einzelnen verfolgen wir folgende Zielsetzungen:

- Vermeidung steuerlicher Nebenleistungen durch die rechtzeitige Abgabe aller relevanten Steuererklärungen und -voranmeldungen sowie Einhaltung der Zahlungsfristen insbesondere durch ein professionelles Wiedervorlage- und Fristenkontrollsystem;
- Durchführung monatlicher Stichproben auf Ordnungsgemäßheit der Rechnungen nach Maßgabe der umsatzsteuerlichen Vorschiften durch die Buchführung;
- Vereinbarung eines turnusmäßigen »Tax Health Check« als Zielvereinbarung mit den Geschäftsführern aller in- und ausländischen Tochtergesellschaften (in der Regel alle drei Jahre);
- Verpflichtung der Geschäftsführer aller in- und ausländischen Tochtergesellschaften zur jährlichen Meldung aller Steuerrisiken;
- Korrekte und zeitnahe Meldung nicht abzugsfähiger Betriebsausgaben an die Steuerabteilung, insbesondere aus dem Vertrieb;
- Einhaltung der lohnsteuerlichen Regelungen;
- Sicherstellung angemessener Verrechnungspreise (arm`s length) bei unternehmensgruppeninternen Leistungen;
- Professionelle Erfassung und Berücksichtigung steuerlicher Fristen (z. B. Behaltefristen);
- Eine stets ordnungsgemäße Kassen- und Kassenbuchführung wird angestrebt.

2.4 Aufbauorganisation

Unser Unternehmen ist – nach Einführung des Tax CMS – wie folgt aufgebaut:

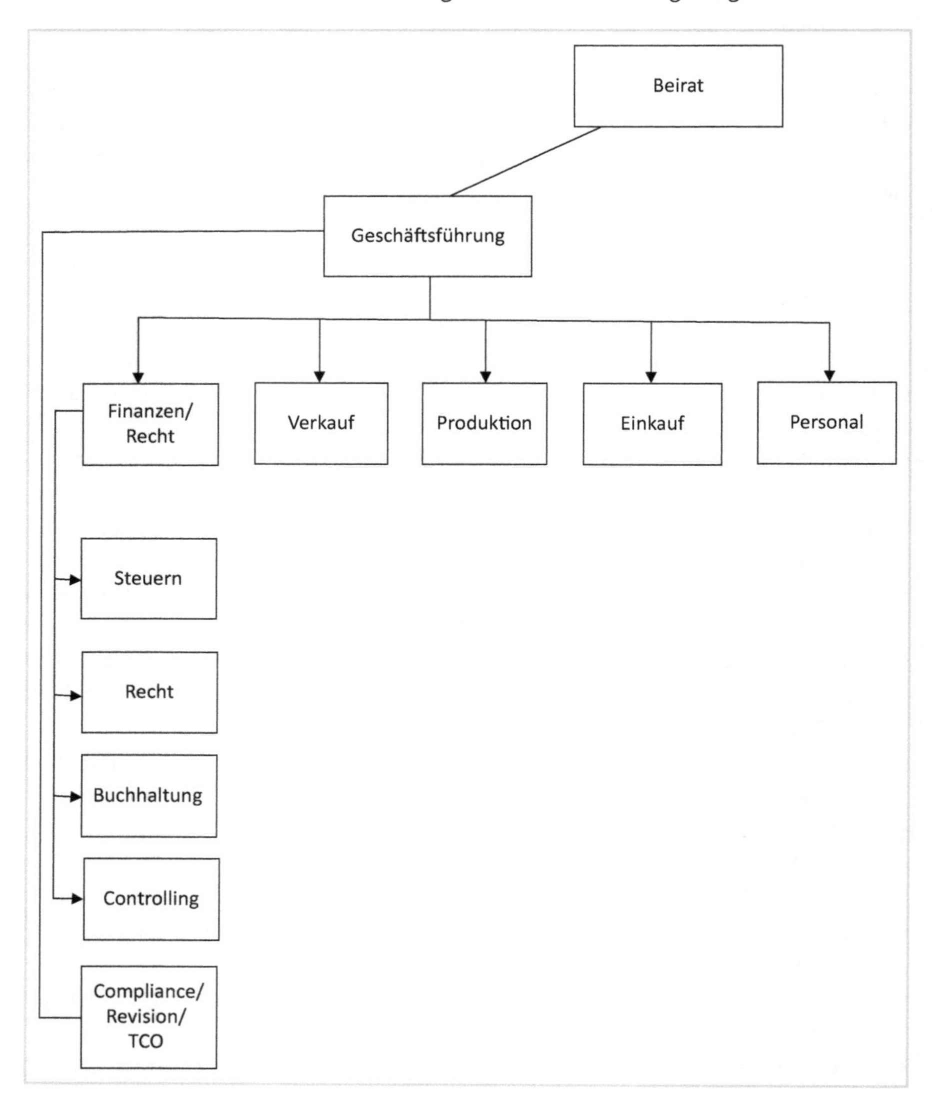

Die gesamte Unternehmensführung steht hinter den Tax-Compliance-Zielen und ist bestrebt, diese umzusetzen. In der täglichen Unternehmenspraxis ist der CFO in der Geschäftsleitung für das Tax CMS zuständig. Der Bereich Compliance/Tax Compliance und Revision ist der Abteilung Finanzen/Recht zugeordnet. Im Bereich Compliance/Tax Compliance und Revision wird vom CFO ein Tax Compliance Officer (TCO) ernannt. Der TCO kann gleichzeitig andere Funktionen in diesem Bereich wahrnehmen, vorausgesetzt, es bleibt ihm genügend Raum für die ordnungsgemäße Erfüllung seiner Pflichten als TCO. Der TCO verantwortet in Abstimmung mit dem CFO die Einführung, Implementierung, Organisation und die Abläufe des Tax CMS.

Die jeweiligen Abteilungen – insbesondere der Einkauf, der Verkauf und die Steuerabteilung – legen Vertretungsregelungen für jeden Mitarbeiter fest und berichten diese quartalsweise an den CFO, der diese im Intranet allen Mitarbeitern zur Verfügung stellt. Der CFO wird durch den Leiter der Steuerabteilung vertreten.

Es gilt das Vier-Augen-Prinzip für alle steuer- und/oder Tax-Compliance-relevanten Vorgänge.

2.5 Ablauforganisation

Die übrigen Abteilungen und Bereiche (insbesondere Einkauf, Verkauf, Recht, Controlling und Buchhaltung) berichten steuerrelevante Themen an den Leiter der Steuerabteilung, der diese Themen dann innerhalb der Steuerabteilung zur Abarbeitung an die dortigen Mitarbeiter delegieren kann.

Tax-Compliance-relevante Themen adressieren die übrigen Abteilungen und Bereiche unmittelbar an den TCO. Der TCO wird durch turnusmäßige Interviews der betroffenen Mitarbeiter die Erfüllung der Meldepflichten kontrollieren.

Der Leiter der Steuerabteilung verantwortet in Abstimmung mit dem CFO die Auswahl und Überwachung der externen Steuerberater. Soweit es um Tax-Compliance-relevante Themen geht, wird der TCO frühzeitig einbezogen.

Im Einzelnen werden folgende **Prozesse** definiert:
- Ein »Tax Health Check« wird bei allen in- und ausländischen Tochtergesellschaften turnusmäßig (in der Regel alle drei Jahre) durchgeführt;
- Die Geschäftsführer aller in- und ausländischen Tochtergesellschaften müssen Steuerrisiken jährlich melden;
- Der Vertrieb meldet korrekt und zeitnah nicht abzugsfähige Betriebsausgaben an die Steuerabteilung (z. B. für Geschenke, Bewirtung etc.);
- Der Vertrieb, der Einkauf und die Produktion melden der Steuerabteilung Dienstreisen und Spesen;

- Die Personalabteilung meldet der Steuerabteilung Dienstwagenregelungen und Sachbezüge und stimmt diese im Vorfeld mit der Steuerabteilung zur Vermeidung lohnsteuerlicher Risiken ab;
- Einkauf und Verkauf adressieren Verrechnungspreisthemen bei unternehmensgruppeninternen Leistungen an die Steuerabteilung;
- Die Rechtsabteilung stimmt Steuerthemen im Rahmen der Vertragsgestaltung und -verhandlung stets frühzeitig mit der Steuerabteilung ab. Dies betrifft z. B. M&A-Transaktionen, Immobilientransaktionen, aber auch etwaige Verträge, die ggf. umsatzsteuerlich ein Reverse-Charge-Verfahren vorsehen.

2.6 Risiken

Aufgrund intensiver Arbeit mit der Steuerabteilung, den Mitarbeitern, die mit steuerlich relevanten Vorgängen betraut sind, und dem Bereich »Revision/Compliance« konnten Steuerrisiken für unser Unternehmen identifiziert werden. Diese werden in Abhängigkeit von der Eintrittswahrscheinlichkeit (ETW, horizontal) und den möglichen finanziellen und bilanziellen Folgen (vertikal) in Risikomatrizen dargestellt.

Zu beachten ist, dass unabhängig vom finanziellen bzw. bilanziellen Risiko jedes Steuerrisiko ernst genommen wird und geeignete Maßnahmen zur Risikominimierung getroffen werden.

2.6.1 Risikomatrizen Umsatzsteuer

Ordnungsgemäßheit der Eingangsrechnungen

	Folge < 10 T€	Folge < 100 T€	Folge > 100 T€
ETW: Niedrig			
ETW: Mittel		X	
ETW: Hoch			

Korrekte umsatzsteuerliche Einordnung von Reihengeschäften und auslandsbezogenen Sachverhalten insgesamt

	Folge < 10 T€	Folge < 100 T€	Folge > 100 T€
ETW: Niedrig			
ETW: Mittel			X
ETW: Hoch			

Unbeabsichtigte Teilnahme an einem Umsatzsteuer-Karussell

	Folge < 10 T€	Folge < 100 T€	Folge > 100 T€
ETW: Niedrig			X
ETW: Mittel			
ETW: Hoch			

2.6.2 Risikomatrix Umsatz-/Körperschaft-/Gewerbesteuer

Fehler bei Verrechnungspreisen

	Folge < 10 T€	Folge < 100 T€	Folge > 100 T€
ETW: Niedrig			
ETW: Mittel			X
ETW: Hoch			

2.6.3 Risikomatrix Körperschaft-/Gewerbe-/ggf. Umsatzsteuer

Verdeckte Gewinnausschüttungen

	Folge < 10 T€	Folge < 100 T€	Folge > 100 T€
ETW: Niedrig		X	
ETW: Mittel			
ETW: Hoch			

2.6.4 Risikomatrix Körperschaft-/Gewerbesteuer

Falsche Zuordnung nicht abzugsfähiger Betriebsausgaben, insbesondere Bewirtung und Geschenke

	Folge < 10 T€	Folge < 100 T€	Folge > 100 T€
ETW: Niedrig			
ETW: Mittel			
ETW: Hoch		X	

2.6.5 Risikomatrix Lohnsteuer

Dienstwagen, Bewirtung, Sachbezüge

	Folge < 10 T€	Folge < 100 T€	Folge > 100 T€
ETW: Niedrig			
ETW: Mittel			
ETW: Hoch		X	

2.7 Programm

Die im Folgenden dargestellten Maßnahmen haben teilweise präventiven und teilweise aufzeigenden Charakter und sollen dazu dienen, Compliance-Risiken entgegenzuwirken und damit Compliance-Verstöße zu vermeiden. Das Tax-Compliance-Programm umfasst aber auch die bei festgestellten Compliance-Verstößen zu ergreifenden Maßnahmen.

2.7.1 Umsatzsteuer: Ordnungsgemäßheit der Eingangsrechnungen

Der Einkauf kontrolliert stichprobenartig – und zusätzlich jede Eingangsrechnung über mehr als 50.000 € netto – darauf, ob sie die Angaben nach § 14 Abs. 4 UStG enthalten.

Nach § 14 Abs. 4 UStG muss eine **Rechnung** folgende **Angaben** enthalten:

- den vollständigen Namen und die vollständige Anschrift des leistenden Unternehmers und des Leistungsempfängers,
- die dem leistenden Unternehmer vom Finanzamt erteilte Steuernummer oder die ihm vom Bundeszentralamt für Steuern erteilte Umsatzsteuer-Identifikationsnummer,
- das Ausstellungsdatum,
- eine fortlaufende Nummer mit einer oder mehreren Zahlenreihen, die zur Identifizierung der Rechnung vom Rechnungsaussteller einmalig vergeben wird (Rechnungsnummer),
- die Menge und die Art (handelsübliche Bezeichnung) der gelieferten Gegenstände oder den Umfang und die Art der sonstigen Leistung,
- den Zeitpunkt der Lieferung oder sonstigen Leistung; bei Vorausleistung den Zeitpunkt der Vereinnahmung des Entgelts oder eines Teils des Entgelts, sofern der Zeitpunkt der Vereinnahmung feststeht und nicht mit dem Ausstellungsdatum der Rechnung übereinstimmt,
- das nach Steuersätzen und einzelnen Steuerbefreiungen aufgeschlüsselte Entgelt für die Lieferung oder sonstige Leistung sowie jede im Voraus vereinbarte Minderung des Entgelts, sofern sie nicht bereits im Entgelt berücksichtigt ist,
- den anzuwendenden Steuersatz sowie den auf das Entgelt entfallenden Steuerbetrag oder im Fall einer Steuerbefreiung einen Hinweis darauf, dass für die Lieferung oder sonstige Leistung eine Steuerbefreiung gilt,
- in den Fällen des § 14b Abs. 1 Satz 5 UStG einen Hinweis auf die Aufbewahrungspflicht des Leistungsempfängers und
- in den Fällen der Ausstellung der Rechnung durch den Leistungsempfänger oder durch einen von ihm beauftragten Dritten die Angabe »Gutschrift«.

Im Übrigen wird auf die sehr kompakte und gute Darstellung der IHK Berlin zur Rechnungsprüfung verwiesen (s. Anhang S. 26, auch abrufbar unter www.ihk-berlin.de, Dok-Nr. 14393). Diese Darstellung ist als **Checkliste zur Rechnungsprüfung** zu verwenden.

»Stichprobe« meint, dass der Einkauf monatlich 30 willkürlich ausgewählte Eingangsrechnungen, die über einen Betrag von weniger als 50.000 € netto lauten, überprüft. Diese monatliche Stichprobe wird unter Angabe der überprüften Rechnungen und der sich ergebenden Beanstandungen schriftlich dokumentiert. Die Dokumentation wird unverzüglich dem Leiter der Steuerabteilung und dem TCO zur Verfügung gestellt.

Wird vom Einkauf eine Eingangsrechnung als nicht korrekt identifiziert, ist unverzüglich die Steuerabteilung zu informieren, soweit diese nicht durch die monatliche Dokumentation der Stichproben hiervon Kenntnis erlangt und ein schnelleres Handeln nicht aufgrund besonderer Umstände angezeigt ist. Die Steuerabteilung prüft die betreffende Rechnung. Stellt sich die Rechnung tatsächlich als für den Vorsteuerabzug unzureichend dar, wird die Steuerabteilung prüfen, ob und inwiefern die betreffende Voranmeldung zu korrigieren ist. Zudem fordert die Steuerabteilung unverzüglich beim betreffenden Lieferanten eine Rechnungskorrektur nach § 31 Abs. 5 UStDV an. Die Steuerabteilung überwacht durch Setzung und Überwachung von Fristen den Eingang der korrigierten Rechnung. Weigert sich der Lieferant, die Rechnung zu korrigieren, ist der CFO zu informieren, der in Abstimmung mit dem Einkauf über eine Trennung von dem Lieferanten entscheidet.

Die Steuerabteilung informiert den Einkauf umgehend über etwa in diesem Zusammenhang relevante Gesetzesänderungen. Das Vier-Augen-Prinzip (vgl. II 2.3) ist zu beachten. Entsprechendes gilt für die Unterschriften.

2.7.2 Umsatzsteuer: Korrekte umsatzsteuerliche Einordnung von Reihengeschäften und auslandsbezogenen Sachverhalten

Unser Unternehmen ist international tätig. Wir verfügen sowohl über ausländische Niederlassungen als auch über ausländische Tochtergesellschaften. Ebenso sind unsere Kunden und Lieferanten weltweit zu finden. Für die Umsatzsteuer ist der Ort der Leistung ein entscheidendes Kriterium, dessen Bestimmung gerade bei Reihengeschäften und bei auslandsbezogenen Sachverhalten steuerrechtlich komplex ist.

Zur Vermeidung umsatzsteuerlicher Risiken in diesem Bereich ergreifen wir folgende **Maßnahmen** (vgl. Alvermann in Streck/Mack/Schwedhelm, Tax Compliance, 2016, 92):

- **Identifizierung der grenzüberschreitenden Lieferungs- und Leistungsbeziehungen**
  Zuständig hierfür sind der Einkauf und der Verkauf. Diese übermitteln bis zum ... eine schriftliche Liste der ihnen jeweils bekannten grenzüberschreitenden Lieferungs- und Leistungsbeziehungen unter Benennung des jeweiligen Geschäftspartners (mit Anschrift), der wesentlichen Lieferungs- bzw. Leistungsgegenstände und des durchschnittlichen monatlichen monetären Volumens der jeweiligen Lieferungs- bzw. Leistungsbeziehung an den Leiter der Steuerabteilung und den TCO. Die Liste ist quartalsweise zu aktualisieren.
- **Kategorisierung der Geschäftsbeziehungen nach Art der Dienstleistung, Sitzort des Kunden/Lieferanten und Tätigkeitsort/Belegenheitsort**
  Zuständig hierfür ist die Steuerabteilung. Sie erstellt anhand der von Einkauf/Verkauf erhaltenen Liste eine entsprechende Kategorisierung.

- **Herausfiltern konkreter umsatzsteuerlicher Risiken**
  TCO und Steuerabteilung prüfen anhand der erstellten Kategorisierung aufgrund der von Einkauf/Verkauf erhaltenen Liste sodann, ob besondere Risiken vorliegen und führen stichproben- und anlassbezogene Kontrollen durch. Werden Risiken bzw. Fehler entdeckt, prüft dies die Steuerabteilung. Im Übrigen wird dann verfahren wie bei einer umsatzsteuerlich unzureichenden Eingangsrechnung (s. II 2.6.1).
  Die Kategorisierung wird anhand der laufend zu aktualisierenden Liste aus Einkauf/Verkauf von der Steuerabteilung in Abstimmung mit dem TCO ebenfalls laufend aktualisiert.
- **Schulung der betroffenen Mitarbeiter**
  Der Leiter der Steuerabteilung und der TCO schulen die mit steuerrelevanten Vorgängen befassten Mitarbeiter in Einkauf, Verkauf und in der Buchhaltung über die vorstehend skizzierten und erarbeiteten umsatzsteuerlichen Problemfelder. Die Schulung ist mindestens einmal jährlich durchzuführen. Zumindest einmal pro Jahr nehmen der Leiter der Steuerabteilung und/oder einer seiner Mitarbeiter an einem externen Seminar zu relevanten umsatzsteuerlichen Themen teil.

Die Arbeitsabläufe zur Erkennung und Vermeidung umsatzsteuerlicher Risiken im Zusammenhang mit Reihengeschäften und auslandsbezogenen Sachverhalten insgesamt sind vorstehend dargestellt, ebenso wie die Kontrollmechanismen (insbesondere Stichproben und anlassbezogene Kontrollen).

Die Steuerabteilung informiert den Einkauf und den Verkauf umgehend über etwa in diesem Zusammenhang relevante Gesetzesänderungen. Das Vier-Augen-Prinzip (vgl. II 2.3) ist zu beachten. Entsprechendes gilt für die Unterschriften.

2.7.3 Umsatzsteuer: Unbeabsichtigte Teilnahme an einem Umsatzsteuer-Karussell

Umsatzsteuer-Karusselle und Streckengeschäfte mit einem »missing trader« sind weit verbreitet. Wir wollen möglichst jede Berührung mit solchen Geschäften vermeiden.

Die Finanzbehörden sehen als **typische Verdachtsmomente für Umsatzsteuerbetrugsgeschäfte** zum Beispiel an (Alvermann in Streck/Mack/Schwedhelm, Tax Compliance, 2016, 124):

- Handel mit vergleichsweise großen Mengen kleiner Teile;
- Außergewöhnlich hohe Umsätze mit einem Neu-Lieferanten, der seinen steuerlichen Pflichten nicht nachkommt;
- Umsätze mit Lieferanten, die die Steuerfahndung als Scheinunternehmen ansieht;

- Viele Käufe von einem einzigen Lieferanten und Wiederverkäufe an einen oder jeweils eine beschränkte Zahl von Abnehmer;
- Keine Erkennbarkeit von ernsthaften Preisverhandlungen oder Vorliegen persönlicher Kontakte zum Importeur;
- Abwicklung von für den Betrieb bisher nicht typischen Geschäften.

Der Einkauf und der Verkauf werden angewiesen, bestehende Lieferungs- und Leistungsbeziehungen, Veränderungen in bestehenden Lieferungs- und Leistungsbeziehungen sowie insbesondere neue Lieferungs- und Leistungsbeziehungen daraufhin zu überprüfen, ob eines oder mehrere der vorstehenden Risikomerkmale vorliegen. Ist das der Fall, werden Verkauf und Einkauf dies unverzüglich dem Leiter der Steuerabteilung und dem TCO melden. Die Steuerabteilung prüft dies und erstattet dem TCO Bericht. Bestätigen sich die Verdachtsmomente, wird die Lieferungs- bzw. Leistungsbeziehung durch den Einkauf/Verkauf sofort beendet. In unklaren Fällen kontaktiert der TCO den CFO, um eine Entscheidung zu treffen. Im Übrigen werden Einkauf/Verkauf bei jeder neuen Geschäftsbeziehung und – anlassbezogen und stichprobenartig – bei bestehenden Geschäftsbeziehungen die steuerliche Redlichkeit des Geschäftspartners überprüfen. Soweit Einkauf/Verkauf die erforderlichen Informationen nicht selbst erlangen können, fordern sie diese bei der Steuerabteilung an.

Im Einzelnen müssen **Einkauf/Verkauf** folgende **Tax-Compliance-relevanten Punkte** (Alvermann in Streck/Mack/Schwedhelm, Tax Compliance, 132) in ihrer täglichen Arbeit berücksichtigen:
- Risikoanalysen bei marktunüblichen Preisgestaltungen;
- Konsequente, qualifizierte Abfrage der Umsatzsteuer-Identifikations-Nummer;
- Dokumentation des Kontakts zur Geschäftsleitung, bei anderweitigen Ansprechpartnern Bestätigung der Bevollmächtigung;
- Überprüfung des Unternehmenssitzes;
- Handelsregisterauszug;
- Überprüfung des Internet-Auftritts;
- Fotodokumentation;
- Einholung steuerlicher Unbedenklichkeitsbescheinigung;
- Ggf. Einbehalt steuerlicher Sicherheiten;
- Vermeidung von Bargeschäften, abgesehen vom Werksverkauf an Verbraucher;
- Zahlungsverkehr ausschließlich per Überweisung auf Konto des Vertragspartners;
- Zurückhaltung bei gleichbleibenden Ansprechpartnern mit wechselnden Rechtsträgern;
- Schriftliche Dokumentation der Kundenkontakte.

Die vorstehenden Vorgänge sind schriftlich zu dokumentieren und ordentlich zu archivieren.

Der TCO kontrolliert stichprobenartig und anlassbezogen, ob Einkauf/Verkauf die erforderlichen Überprüfungen vornehmen und die vorstehenden Verhaltensregeln berücksichtigen. Fälle der Versäumnis werden arbeitsrechtlich geahndet (z. B. Abmahnung bis hin zur außerordentlichen Kündigung). Fälle der Versäumnis, die zu begründeten Verdachtsmomenten im Hinblick auf ein Umsatzsteuer-Karussell oder ein sonstiges Umsatzsteuerbetrugsgeschäft führen, werden unverzüglich an den TCO, den CFO und den Leiter der Steuerabteilung gemeldet, die sodann die geeigneten Maßnahmen zur Problemlösung ergreifen.

Die Steuerabteilung informiert den Einkauf und den Verkauf umgehend über etwa in diesem Zusammenhang relevante Gesetzesänderungen. Das Vier-Augen-Prinzip (vgl. II 2.3) ist zu beachten. Entsprechendes gilt für die Unterschriften.

2.7.4 Umsatzsteuer/Körperschaft-/Gewerbesteuer: Fehler bei Verrechnungspreisen

Wir bekennen uns dazu, dass alle in unserem Konzern erfolgenden Lieferungen und Leistungen einem Fremdvergleich standhalten sollen (Arm's-length-Prinzip). Einkauf und Verkauf sind gehalten, dies bei jeder einzelnen konzerninternen Lieferung und/oder Leistung zu berücksichtigen.

Die Steuerabteilung wird bis zum ... eine konzernweite Verrechnungspreis-Richtlinie erarbeiten und mit dem TCO und dem CFO abstimmen. Nach Verabschiedung durch den CFO wird die Verrechnungspreis-Richtlinie sämtlichen Mitarbeitern im Intranet zur Verfügung gestellt.

Die Steuerabteilung benennt einen Verrechnungspreis-Beauftragten. Dieser wird mindestens jährlich an externen Seminaren zum Thema Verrechnungspreise teilnehmen und seinerseits die Steuerabteilung und die Mitarbeiter des Einkaufs und des Verkaufs intern schulen. Die Mitarbeiter des Einkaufs und des Verkaufs werden vom Verrechnungspreisbeauftragten diesbezüglich bis zum .... erstmalig und danach laufend zumindest jährlich geschult.

Der Verrechnungspreisbeauftragte informiert die Steuerabteilung, den Einkauf und den Verkauf umgehend über etwa in diesem Zusammenhang relevante Gesetzesänderungen. Das Vier-Augen-Prinzip (vgl. II 2.3) ist zu beachten. Entsprechendes gilt für die Unterschriften. Zweifelsfälle im Hinblick auf Verrechnungspreise sind jeweils an den TCO und den Verrechnungspreisbeauftragten zu adressieren, die ggf. den CFO zur Entscheidung heranziehen.

2.7.5 Körperschaft-/Gewerbesteuer, ggf. Umsatzsteuer: Verdeckte Gewinnausschüttungen

Sämtliche bestehende Lieferungs- und Leistungsbeziehungen zu Gesellschaftern, einschließlich aller Zahlungen an Gesellschafter, soweit diese nicht ohnehin auf einem ordnungsgemäßen Ergebnisverwendungsbeschluss beruhen, legt der CFO dem TCO und dem Leiter der Steuerabteilung offen. Änderungen sind frühzeitig – d. h. vor Eintritt der Änderung – durch den CFO mit dem Leiter der Steuerabteilung und dem TCO abzustimmen.

Die Steuerabteilung prüft, ob verdeckte Gewinnausschüttungen und/oder verdeckte Einlagen erfolgt sind bzw. drohen. Eine **verdeckte Gewinnausschüttung** liegt bei einer Vermögensminderung bzw. verhinderten Vermögensmehrung vor, die durch das Gesellschaftsverhältnis veranlasst ist und sich auf die Höhe des Unterschiedsbetrags i. S. d. § 4 Abs. 1 Satz 1 EStG (des Einkommens) der KapG auswirkt und (gleichzeitig) in keinem Zusammenhang mit einer offenen Ausschüttung steht.

Eine **verdeckte Einlage** liegt vor, wenn ein Gesellschafter oder eine ihm nahestehende Person der Körperschaft außerhalb der gesellschaftsrechtlichen Einlagen einen einlagefähigen Vermögensvorteil zuwendet und diese Zuwendung durch das Gesellschaftsverhältnis veranlasst ist.

Insbesondere werden deshalb folgende **Beziehungen zwischen der Gesellschaft und den Gesellschaftern** von der Steuerabteilung überprüft:
- Gesellschafterdarlehen an die Gesellschaft (Zinssatz?);
- Darlehen der Gesellschaft an Gesellschafter (Zinssatz?);
- Angemessenheit der Vergütung von Gesellschafter-Geschäftsführern, einschließlich der Angemessenheit von Sachbezügen (z. B. Dienstwagen, Pensionszusagen, Dienstreisen, Spesen, etc.);
- Sämtliche sonstige Geschäfte (insbesondere Wareneinkäufe durch Gesellschafter-Geschäftsführer und Warenbezug von Gesellschafter-Geschäftsführern und/oder diesen nahestehenden Personen).

Liegt eine bereits vollzogene verdeckte Gewinnausschüttung oder Einlage vor, wird die Steuerabteilung dies in den Steuererklärungen und -voranmeldungen der Gesellschaft korrekt berücksichtigen. Die Steuerabteilung setzt den CFO hiervon in Kenntnis.

2.7.6 Körperschaft-/Gewerbesteuer: Falsche Zuordnung nicht abzugsfähiger Betriebsausgaben, insbesondere Bewirtung

Nach §4 Abs. 5 Nr. 2 EStG dürfen den Gewinn nicht mindern (insoweit nicht abzugsfähige Betriebsausgaben): »Aufwendungen für die Bewirtung von Personen aus geschäftlichem Anlass, soweit sie 70 Prozent der Aufwendungen übersteigen, die nach der allgemeinen Verkehrsauffassung als angemessen anzusehen und deren Höhe und betriebliche Veranlassung nachgewiesen sind. Zum Nachweis der Höhe und der betrieblichen Veranlassung der Aufwendungen hat der Steuerpflichtige schriftlich die folgenden Angaben zu machen: Ort, Tag, Teilnehmer und Anlass der Bewirtung sowie Höhe der Aufwendungen. Hat die Bewirtung in einer Gaststätte stattgefunden, so genügen Angaben zu dem Anlass und den Teilnehmern der Bewirtung; die Rechnung über die Bewirtung ist beizufügen.«

Die Steuerabteilung stellt sämtlichen Mitarbeitern das Merkblatt der IHK Bonn/Rhein-Sieg zur Verfügung. Es kann im Internet unter https://www.ihk-bonn.de/fileadmin/dokumente/Downloads/Recht_und_Steuern/Lohn_und_Einkommensteuer/SteuerfalleGeschaeftsessen.pdf abgerufen werden.

Sämtliche Mitarbeiter werden angewiesen, bezüglich ihrer Bewirtungsaufwendungen entsprechend zu verfahren. Die Belege sind vom jeweiligen Vorgesetzten zu kontrollieren, bei Ordnungsgemäßheit freizugeben und der Buchhaltung zu übergeben. Die Freigabe dokumentiert der Vorgesetzte durch den Vermerk: »Freigegeben: Unterschrift« auf dem jeweiligen Beleg.

Die Steuerabteilung und der TCO führen stichprobenartig und anlassbezogen Kontrollen durch. Werden der Buchhaltung übergebene Bewirtungsbelege nicht ordnungsgemäß ausgefüllt und/oder sind sie nicht vom jeweiligen Vorgesetzen freigegeben, muss der jeweilige Mitarbeiter mit arbeitsrechtlichen Konsequenzen (insbesondere Abmahnung, bis hin zur außerordentlichen Kündigung) rechnen.

2.7.7 Lohnsteuer: Dienstwagen, Bewirtung, Sachbezüge

Für die Erstellung der Lohnabrechnungen ist die Lohnbuchhaltung als Bereich der Personalabteilung zuständig. Der Leiter der Personalabteilung vereinbart Vertretungsregelungen mit den Mitarbeitern der Lohnbuchhaltung und teilt diese dem Leiter der Steuerabteilung und dem TCO mit. Der Leiter der Personalabteilung meldet etwaige personelle Engpässe in der Lohnbuchhaltung unverzüglich dem TCO und dem CFO.

Sämtliche Mitarbeiter der Lohnbuchhaltung sind verpflichtet, sich regelmäßig fortzubilden. Jeder Mitarbeiter nimmt mindestens an einem externen Seminar pro Jahr teil. Sämtliche Mitarbeiter sind verpflichtet, der Lohnbuchhaltung alle relevanten **Informationen für die Erstellung der Lohnabrechnungen** zur Verfügung zu stellen. Dies gilt insbesondere für

- die Brutto-Listenneupreise von auch privat genutzten Dienstfahrzeugen (1 %-Regelung) und die Entfernung zwischen Wohnung und Arbeitsstätte der einzelnen Mitarbeiter;
- Arbeitnehmer-Bewirtungen;
- Sonstige Sachbezüge (z. B. vergünstigter Wareneinkauf durch Mitarbeiter).

Der TCO kontrolliert in Zusammenarbeit mit der Steuerabteilung jährlich stichprobenartig mindestens 50 Monats-Lohnabrechnungen, die jeweils unterschiedliche Arbeitnehmer betreffen, und im Übrigen zufällig auszuwählen sind.

Die Stichprobe wird unter Angabe der überprüften Lohnabrechnungen und der sich ergebenden Beanstandungen schriftlich dokumentiert. Die Dokumentation wird vom TCO unverzüglich dem Leiter der Steuerabteilung, der Lohnbuchhaltung und dem CFO zur Verfügung gestellt.

Stellt sich eine Lohnabrechnung als unzutreffend dar, wird die Lohnbuchhaltung in Abstimmung mit der Steuerabteilung prüfen, ob und wie eine Berichtigung möglich ist und die erforderlichen Schritte einleiten. Etwaige bei den Stichproben erkannte Fehler erörtert der TCO mit der Lohnbuchhaltung, die diesen und ähnliche Fehler in der Zukunft vermeidet.

2.7.8 Ordnungsgemäße Kassen- und Kassenbuchführung

Alle relevanten Mitarbeiter werden angewiesen für eine ordnungsgemäße Kassenführung und Kassenbuchführung zu sorgen. Zu beachten sind insbesondere die relevanten Vorschriften der Abgabenordnung und die GoBD. Bei der Kassen- und Kassenbuchführung gilt (vgl. https://www.datev.de/dnlexom/client/app/index.html#/document/1080608, dort insbesondere Ziff. 3.11):

Alle baren Geschäftsvorfälle werden über die Kasse abgewickelt und im Kassenbuch aufgezeichnet. Das **Kassenbuch** ist nach den Grundsätzen ordnungsmäßiger Buchführung (GoB und GoBD) elektronisch zu führen. Im Einzelnen:

- Die Kassenaufzeichnungen genügen den Grundsätzen von Nachvollziehbarkeit und Nachprüfbarkeit (§ 238 Abs. 1 Satz 2 und 3 HGB; § 145 Abs. 1 Satz 1 AO; Rz. 30 bis 35

und 145 bis 150 GoBD). Sie müssen so beschaffen sein, dass ein sachverständiger Dritter in angemessener Zeit einen Überblick über die angefallenen Geschäftsvorfälle erhalten kann. Die Belege werden elektronisch durch das Kassensystem laufend nummeriert.
- Auch die Grundsätze der Wahrheit, Klarheit und fortlaufenden Aufzeichnung (§ 239 Abs. 2 HGB; § 146 Abs. 1 AO; Rz. 36 bis 57 GoBD) werden stets berücksichtigt. Die Kassenaufzeichnungen müssen vollständig (mit ausreichender Bezeichnung des Geschäftsvorfalls), richtig und geordnet vorgenommen werden. Kasseneinnahmen und Kassenausgaben werden täglich festgehalten (Rz. 48 GoBD). Eine Kasse darf bei taggenauen Überprüfungen keine Minusbestände (Kassenminus) aufweisen. Sollte dies doch der Fall sein, ist unverzüglich der Leiter der Steuerabteilung zu informieren.
- Die Kassensturzfähigkeit des Systems ist gewährleistet. Die Kassenaufzeichnungen müssen so beschaffen sein, dass der Soll-Bestand des Kassenbuchs jederzeit mit dem Ist-Bestand der Barkasse verglichen werden kann (tägliches Aufzeichnungsgebot).
- Die Kassenbuchaufzeichnungen müssen unveränderbar sein (§ 239 Abs. 3 HGB; § 146 Abs. 4 AO; Rz. 58 bis 60 und 107 bis 112 GoBD).
- Die Kassendaten müssen während der Dauer der Aufbewahrungsfrist (10 Jahre) verfügbar und lesbar sein (§ 257 Abs. 4 HGB; § 147 AO, Rz. 113 bis 144 GoBD).

Die Steuerabteilung schult die Buchführung und die die Kassen bedienenden Mitarbeiter mindestens jährlich über die Voraussetzungen einer ordnungsgemäßen Kassen- und Kassenbuchführung.

Sollte eine Kassen-Nachschau (§ 146b AO) stattfinden, werden sämtliche Mitarbeiter angewiesen, dem bzw. den erscheinenden Amtsträger/n keinerlei Auskunft zu erteilen und unverzüglich den Leiter der Steuerabteilung und den TCO hinzuzuziehen.

Es gilt dabei eine **Verfahrensdokumentation** zu fertigen, die im Einzelnen enthält (in Anlehnung an Teutemacher, Handbuch zur Kassenführung):
- Benennung der Art der Kasse (Elektronische Registrierkasse, PC-Kasse, Tablet-Kasse);
- Name des Kassenaufstellers;
- Liste der Software-Updates;
- Anzahl der Kassen und Standort;
- Darstellung der Art der Branchensoftware;
- Auflistung der Organisationsunterlagen (Bedienungsanleitung, Änderungslisten, Programmierprotokolle);
- Darstellung des internen IKS in Bezug auf die Kassen;
- Darlegung der Zugriffsrechte der Mitarbeiter;
- Benennung der Art der Datensicherung und -archivierung.

2.7.9 Fristenkontroll- und Wiedervorlagesystem

Es besteht in der Steuerabteilung ein EDV-gestütztes professionelles Fristenkontroll- und Wiedervorlagesystem. Die Fristen und Wiedervorlagen sowie der hierfür jeweils zuständige Mitarbeiter und sein Vertreter werden in der EDV erfasst. Zwei Wochen und eine Woche vor Fristablauf sowie am Tag des Fristablaufs selbst erinnert das System den zuständigen Mitarbeiter und seinen Vertreter an die Frist.

Insbesondere werden folgende **Fristen** erfasst:
- Frist zur Abgabe der Körperschaftsteuererklärung;
- Frist zur Abgabe der Gewerbesteuererklärung;
- Fristen für die Umsatzsteuervoranmeldungen;
- Frist für die Umsatzsteuerjahreserklärung;
- Frist zur Anmeldung der Lohnsteuer (für die Mitarbeiter der Lohnbuchhaltung);
- Fristen für die Körperschaftsteuervorauszahlungen;
- Fristen für die Gewerbesteuervorauszahlungen;
- Fristen für die Umsatzsteuervorauszahlungen;
- Fristen für die Zahlung der Lohnsteuer;
- Behaltefristen (insbesondere Umwandlungsteuerrecht und Erbschaftsteuerrecht);
- Reinvestitionsfristen (§ 6b EStG);
- Rechtsbehelfsfristen.

Die Steuerabteilung prüft das Vorliegen weiterer relevanter Fristen und nimmt diese ebenfalls in das Fristenkontrollsystem auf. Entsprechend bisheriger Vorgehensweise zieht das Finanzamt fällige Steuern und Vorauszahlungen automatisch ein. Die Steuerabteilung überwacht in Abstimmung mit der Buchhaltung die Richtigkeit der Abbuchungen.

2.7.10 Meldung von Steuerrisiken durch die Geschäftsführer Tochtergesellschaften

Der CFO und die Steuerabteilung können nur steuerliche Risiken und Problemstellungen bedenken, von denen sie Kenntnis haben. Gerade im Hinblick auf die steuerliche Situation aller unserer in- und ausländischen Tochtergesellschaften ist es wichtig, dass die Unternehmensspitze von etwaigen steuerlichen Risiken frühzeitig und regelmäßig Kenntnis erlangt.

Die Geschäftsführer aller in- und ausländischen Tochtergesellschaften melden anlassbezogen und zudem jährlich jeweils bis zum 30. März sämtliche ihnen bekannte Steuerrisiken an den CFO, den TCO und den Leiter der Steuerabteilung. Die Meldung erfolgt schriftlich. Dabei müssen sie auch Aussagen über die hier identifizierten gruppenweiten Tax-Compliance-Risiken (vgl. II 2.5) treffen. Wir wollen diese Meldepflicht künftig auch arbeitsvertraglich in den Geschäftsführer-Anstellungsverträgen ausdrücklich verankern.

2.7.11 »Tax Health Check« bei allen Tochtergesellschaften

Ein »Tax Health Check« wird als Zielvereinbarung mit den Geschäftsführern aller in- und ausländischen Tochtergesellschaften vereinbart. Jeder Geschäftsführer einer in- und/ oder ausländischen Tochtergesellschaft soll bei den Gesellschaften, bei denen er jeweils Geschäftsführer ist, in der Regel alle drei Jahre einen »Tax Health Check« durchführen. Dies bedeutet, dass er Steuerrisiken in der jeweiligen Gesellschaft gemeinsam mit dem für die Gesellschaft zuständigen Steuerberater identifiziert und bewertet. Hierbei werden auch die bereits identifizierten gruppenweiten Tax-Compliance-Risiken berücksichtigt (vgl. II 2.5). Der Geschäftsführer der jeweiligen Tochtergesellschaft wird über den »Tax Health Check« – ggf. mit Unterstützung durch den jeweiligen Steuerberater – einen Bericht anfertigen und diesen dem CFO, dem TCO und dem Leiter der Steuerabteilung zur Verfügung stellen.

2.7.12 »Whistleblowing«-Stelle

Wir stehen für ein Klima der Offenheit und Fairness. Von unseren Mitarbeitern erwarten wir einen offenen Umgang mit eigenen und fremden Fehlern, auch im Hinblick auf die Einhaltung steuerlicher Vorschriften. Falsches Verhalten soll nicht durch falsch verstandene Kollegialität kaschiert werden.

Von daher erwarten wir von jedem unserer Mitarbeiter, dass er anlassbezogen umgehend eigene und/oder fremde Verstöße gegen Tax-Compliance-Grundsätze, von ihm erkannte steuerliche Risiken und vor allem etwaige eigene und/oder fremde Verstöße gegen steuerliche Vorschiften an den TCO meldet. Die Verletzung der Meldepflicht führt zu arbeitsrechtlichen Konsequenzen (Abmahnung bis hin zur außerordentlichen Kündigung). Wir wollen diese Meldepflicht künftig in den Arbeitsverträgen aller Mitarbeiter und Geschäftsführer unserer Tochtergesellschaften ausdrücklich verankern.

2.8 Überwachung und Verbesserung

Wir streben eine ständige Verbesserung des Tax CMS an. Das System ist kein Selbstzweck. Es soll uns helfen, steuerliche Risiken zu erkennen, im Fall von Fehlern schnell und richtig zu handeln sowie letztlich steuerliche Fehler und steuerliche Risiken zu vermeiden. Es ist deshalb das Bestreben der Geschäftsführung, gemeinsam mit unseren Mitarbeitern und unseren externen Steuerberatern das System beständig zu überwachen und zu verbessern.

Das Tax CMS wird vom CFO überwacht. Dieser kann unter seiner Verantwortung die interne Revision für die Überwachung hinzuziehen. Der CFO wird in halbjährlichen Sitzungen mit dem TCO, dem zuständigen Mitarbeiter der internen Revision, dem Leiter der Steuerabteilung, dem Leiter der Buchhaltung und dem Leiter der Lohnbuchhaltung die Praxistauglichkeit des Systems erörtern und im Rahmen dessen etwaige Schwachstellen beseitigen und gebotene Änderungen vornehmen. Zusätzlich finden anlassbezogene Sitzungen statt. Die Teilnehmer können zu den Sitzungen auch andere Mitarbeiter (insbesondere Einkauf/Verkauf) hinzuziehen. Über jede dieser Sitzungen fertigt der TCO ein Protokoll und stellt es sämtlichen Sitzungsteilnehmern zur Verfügung. Soweit in den Sitzungen konkrete Maßnahmen beschlossen sind, wird dies in dem Protokoll vermerkt, ebenso die Zuständigkeit und der Zeitrahmen für die Umsetzung sowie die Überwachung.

Der CFO, der TCO und der Leiter der Steuerabteilung bilden sich im Bereich Tax Compliance laufend fort (z. B. durch Fachzeitschriften, Webschulungen, internen Austausch). Außerdem sollen der TCO, der CFO und/oder der Leiter der Steuerabteilung regelmäßig externe Seminare zum Thema Tax Compliance besuchen und im Rahmen der zumindest halbjährlichen Sitzungen die übrigen Teilnehmer über die gewonnenen Erkenntnisse informieren. Der Leiter der Steuerabteilung wählt aus und überwacht in Abstimmung mit dem CFO die externen Steuerberater (s. II 2.4).

Wir wollen unser Tax CMS jährlich der Prüfung durch einen unabhängigen Wirtschaftsprüfer unterziehen, auch um ein regelmäßiges externes Feedback zur Funktionsfähigkeit unseres Tax CMS zu erhalten. Wir sehen darin eine weitere Möglichkeit, das Tax CMS laufend weiterzuentwickeln und zu optimieren. Das Tax CMS wird daher jährlich im zeitlichen Zusammenhang mit der Jahresabschlussprüfung von einem unabhängigen Wirtschaftsprüfer geprüft. Die Auswahl eines geeigneten Wirtschaftsprüfers und dessen Überwachung obliegt allein dem CFO. Der ausgewählte Wirtschaftsprüfer soll über Erfahrung mit der Prüfung von CMS verfügen.

2.9 Information der Mitarbeiter

Das Tax CMS und dieses Tax Manual werden im Rahmen der nächsten Betriebsversammlung den Mitarbeitern vorgestellt. Jeder Mitarbeiter erhält den Ausdruck dieses Tax Manual ausgehändigt und quittiert den Empfang. Weiterhin wird das Tax Manual im Intranet unter ... für alle Mitarbeiter eingestellt. Über Änderungen des Tax CMS und des Tax Manual informiert der TCO sämtliche Mitarbeiter per E-Mail mit der Prioritätsstufe »Hoch/Wichtig«. Soweit in diesem Tax Manual die Rede von einer schriftlichen Dokumentation oder schriftlichen Übermittlung ist, genügt auch die EDV-gestützte Dokumentation bzw. Übermittlung, vorausgesetzt die Kenntnisnahme der relevanten Personen und die Dauerhaftigkeit der Archivierung sind gewährleistet.

3 Entwurf einer Steuer-Richtlinie für ein kleines Unternehmen

Im Folgenden wird aufgezeigt, wie die dargestellte Steuer-Richtlinie gekürzt für kleinere Unternehmen aussehen könnte.

3.1 Leitbild

Gesetzliches Handeln bestimmt unser Tun – auch im Steuerrecht. Wir erwarten deshalb von allen unseren Mitarbeitern, jederzeit alle steuerlichen Vorschriften zu befolgen. Wer dem zuwiderhandelt, muss mit arbeitsrechtlichen Konsequenzen bis hin zur Kündigung seines Arbeitsvertrags rechnen. Verstöße gegen steuerliche Vorschriften sind unverzüglich N.N., unserem »Steuer-Lotsen«, zu melden. Er hält neben uns den Kontakt zum Steuerberater, der auch im Rahmen dieser Steuerrichtlinie Aufgaben übernommen hat. Die Beachtung der Steuerrichtlinie ist von großer Bedeutung für uns alle. Sie hilft, steuerliche Risiken zu minimieren und damit Steuernachzahlungen, Verspätungs-, Säumniszuschläge und Zinsen zu vermeiden. Wir legen fest:

1. Die jeweiligen Abteilungen – insbesondere der Einkauf und der Verkauf und die Steuerabteilung – erarbeiten Vertretungsregelungen für jeden Mitarbeiter. Es gilt das Vier-Augen-Prinzip für alle steuerrelevanten Vorgänge.
2. Alle Mitarbeiter berichten steuerrelevante Themen an N.N., der diese mit uns bzw. dem Steuerberater erörtert.
   Im Einzelnen gilt:
   - Der Vertrieb meldet korrekt und zeitnah nicht abzugsfähige Betriebsausgaben an N.N. (z. B. für Geschenke, Bewirtung, etc.);
   - Der Vertrieb, der Einkauf und die Produktion melden N.N. Dienstreisen und Spesen;
   - Wir melden dem Steuerberater Dienstwagenregelungen und Sachbezüge und stimmen diese im Vorhinein mit ihm zur Vermeidung lohnsteuerlicher Risiken ab.

Die im Folgenden dargestellten Maßnahmen sollen Ihnen helfen, Steuer-Risiken entgegenzuwirken und damit sog. Compliance-Verstöße zu vermeiden.

3.2 Umsatzsteuer: Ordnungsgemäßheit der Eingangsrechnungen

Der Einkauf kontrolliert stichprobenartig – und zusätzlich jede Eingangsrechnung über mehr als 25.000 € netto – darauf, ob sie die Angaben nach § 14 Abs. 4 UStG enthalten:

- den vollständigen Namen und die vollständige Anschrift des leistenden Unternehmers und des Leistungsempfängers,
- die dem leistenden Unternehmer vom Finanzamt erteilte Steuernummer oder die ihm vom Bundeszentralamt für Steuern erteilte Umsatzsteuer-Identifikationsnummer,
- das Ausstellungsdatum,
- eine fortlaufende Nummer mit einer oder mehreren Zahlenreihen, die zur Identifizierung der Rechnung vom Rechnungsaussteller einmalig vergeben wird (Rechnungsnummer),
- die Menge und die Art (handelsübliche Bezeichnung) der gelieferten Gegenstände oder den Umfang und die Art der sonstigen Leistung,
- den Zeitpunkt der Lieferung oder sonstigen Leistung; bei Vorausleistung den Zeitpunkt der Vereinnahmung des Entgelts oder eines Teils des Entgelts, sofern der Zeitpunkt der Vereinnahmung feststeht und nicht mit dem Ausstellungsdatum der Rechnung übereinstimmt,
- das nach Steuersätzen und einzelnen Steuerbefreiungen aufgeschlüsselte Entgelt für die Lieferung oder sonstige Leistung sowie jede im Voraus vereinbarte Minderung des Entgelts, sofern sie nicht bereits im Entgelt berücksichtigt ist,
- den anzuwendenden Steuersatz sowie den auf das Entgelt entfallenden Steuerbetrag oder im Fall einer Steuerbefreiung einen Hinweis darauf, dass für die Lieferung oder sonstige Leistung eine Steuerbefreiung gilt,
- in den Fällen des § 14b Abs. 1 Satz 5 UStG einen Hinweis auf die Aufbewahrungspflicht des Leistungsempfängers und
- in den Fällen der Ausstellung der Rechnung durch den Leistungsempfänger oder durch einen von ihm beauftragten Dritten die Angabe »Gutschrift›.

Im Übrigen wird auf die sehr kompakte und gute Darstellung der IHK Berlin zur Rechnungsprüfung verwiesen, (s. Anhang S. 26, auch abrufbar unter www.ihk-berlin.de, Dok-Nr. 14393). Diese Darstellung ist als Checkliste zur Rechnungsprüfung zu verwenden.

»Stichprobe« meint, dass der Einkauf vierteljährlich zehn willkürlich ausgewählte Eingangsrechnungen, die über einen Betrag von weniger als 50.000 € netto lauten, überprüft. Die monatliche Stichprobe wird unter Angabe der überprüften Rechnungen und der sich ergebenden Beanstandungen schriftlich dokumentiert. Die Dokumentation wird unverzüglich N.N. zur Verfügung gestellt.

3.3 Umsatzsteuer: Korrekte umsatzsteuerliche Einordnung von Reihengeschäften und auslandsbezogenen Sachverhalten insgesamt

Unser Unternehmen ist auch international tätig. Für die Umsatzsteuer ist der Ort der Leistung ein entscheidendes Kriterium, dessen Bestimmung gerade bei Reihengeschäften und bei auslandsbezogenen Sachverhalten steuerrechtlich komplex ist. Zur Vermeidung umsatzsteuerlicher Risiken in diesem Bereich ergreifen wir folgende Maßnahmen (vgl. Alvermann in Streck/Mack/Schwedhelm, Tax Compliance, 92):

- **Identifizierung der grenzüberschreitenden Lieferungs- und Leistungsbeziehungen**
  Zuständig hierfür sind der Einkauf und der Verkauf. Einkauf und Verkauf übermitteln bis zum ... an N.N. eine schriftliche Liste der ihnen jeweils bekannten grenzüberschreitenden Lieferungs- und Leistungsbeziehungen unter Benennung des jeweiligen Geschäftspartners (mit Anschrift), der wesentlichen Lieferungs- bzw. Leistungsgegenstände und des durchschnittlichen monatlichen monetären Volumens der jeweiligen Lieferungs- bzw. Leistungsbeziehung. Die Liste ist jährlich zu aktualisieren.
- **Kategorisierung der Geschäftsbeziehungen nach Art der Dienstleistung, Sitzort des Kunden/Lieferanten und Tätigkeitsort/Belegenheitsort:**
  Zuständig hierfür ist N.N. Er erstellt anhand der von Einkauf/Verkauf erhaltenen Liste eine entsprechende Kategorisierung.
- **Herausfiltern konkreter umsatzsteuerlicher Risiken**
  N.N. prüft anhand der erstellten Kategorisierung aufgrund der von Einkauf/Verkauf erhaltenen Liste, ob besondere Risiken vorliegen und führt stichproben- und anlassbezogene Kontrollen durch. Werden Risiken bzw. Fehler entdeckt, prüft dies der Steuerberater. Im Übrigen wird dann verfahren wie bei einer umsatzsteuerlich unzureichenden Eingangsrechnung. Die Kategorisierung wird anhand der zu aktualisierenden Liste aus Einkauf/Verkauf vom Steuerberater in Abstimmung mit N.N. ebenfalls aktualisiert.
- **Schulung der betroffenen Mitarbeiter**
  Der Steuerberater und N.N. schulen die mit steuerrelevanten Vorgängen befassten Mitarbeiter in Einkauf, Verkauf und in der Buchhaltung über diese umsatzsteuerlichen Problemfelder. Die Schulung ist regelmäßig durchzuführen. Zumindest einmal pro Jahr nimmt N.N. an einem externen Seminar zu relevanten umsatzsteuerlichen Themen teil.

3.4 Umsatzsteuer: Unbeabsichtigte Teilnahme an einem Umsatzsteuer-Karussell

Umsatzsteuer-Karusselle sind weit verbreitet. Wir wollen möglichst jede Berührung mit solchen Geschäften vermeiden. Die Finanzbehörden sehen als **typische Verdachtsmomente für Umsatzsteuerbetrugsgeschäfte** zum Beispiel an (Alvermann in Streck/Mack/Schwedhelm, Tax Compliance, 124):

- Handel mit vergleichsweise großen Mengen kleiner Teile;
- Außergewöhnlich hohe Umsätze mit einem Neu-Lieferanten, der seinen steuerlichen Pflichten nicht nachkommt;
- Umsätze mit Lieferanten, die die Steuerfahndung als Scheinunternehmen ansieht;
- Viele Käufe von einem einzigen Lieferanten und Wiederverkäufe an einen oder jeweils eine beschränkte Zahl von Abnehmern;
- Keine Erkennbarkeit von ernsthaften Preisverhandlungen oder Vorliegen persönlicher Kontakte zum Importeur;
- Abwicklung von für den Betrieb bisher nicht typischen Geschäften.

Der Einkauf und der Verkauf werden angewiesen, bestehende Lieferungs- und Leistungsbeziehungen, Veränderungen in bestehenden Lieferungs- und Leistungsbeziehungen sowie insbesondere neue Lieferungs- und Leistungsbeziehungen daraufhin zu überprüfen, ob eines oder mehrere der vorstehenden Risikomerkmale vorliegen. Ist das der Fall, werden Verkauf und Einkauf dies unverzüglich N.N. melden, der sich mit dem Steuerberater berät. Bestätigen sich die Verdachtsmomente, wird die Lieferungs- bzw. Leistungsbeziehung durch den Einkauf/Verkauf sofort beendet. In unklaren Fällen werden wir zur Entscheidung hinzugezogen.

N.N. kontrolliert stichprobenartig und anlassbezogen, ob Einkauf/Verkauf die erforderlichen Überprüfungen vornehmen und die vorstehenden Verhaltensregeln berücksichtigen. Fälle der Versäumnis werden arbeitsrechtlich geahndet (z. B. Abmahnung bis hin zur außerordentlichen Kündigung). N.N. informiert den Einkauf und den Verkauf umgehend über etwa in diesem Zusammenhang relevante Gesetzesänderungen. Das Vier-Augen-Prinzip ist zu beachten. Entsprechendes gilt für die Unterschriften.

3.5 Einkommensteuer/Gewerbesteuer: Falsche Zuordnung nicht abzugsfähiger Betriebsausgaben, insbesondere Bewirtung

Nach §4 Abs. 5 Nr. 2 EStG dürfen den Gewinn nicht mindern (insoweit nicht abzugsfähige Betriebsausgaben) »Aufwendungen für die Bewirtung von Personen aus geschäftlichem Anlass, soweit sie 70 Prozent der Aufwendungen übersteigen, die nach der allgemeinen Verkehrsauffassung als angemessen anzusehen und deren Höhe und betriebliche Veranlassung nachgewiesen sind. Zum Nachweis der Höhe und der betrieblichen Veranlassung der Aufwendungen hat der Steuerpflichtige schriftlich die folgenden Angaben zu machen: Ort, Tag, Teilnehmer und Anlass der Bewirtung sowie Höhe der Aufwendungen. Hat die Bewirtung in einer Gaststätte stattgefunden, so genügen Angaben zu dem Anlass und den Teilnehmern der Bewirtung; die Rechnung über die Bewirtung ist beizufügen.«

N.N. stellt sämtlichen Mitarbeitern das Merkblatt der IHK Bonn/Rhein-Sieg zur Verfügung. Dieses kann im Internet unter https://www.ihk-bonn.de/fileadmin/dokumente/Downloads/Recht_und_Steuern/Lohn_und_Einkommensteuer/SteuerfalleGeschaeftsessen.pdf abgerufen werden.

Sämtliche Mitarbeiter werden angewiesen, bezüglich ihrer Bewirtungsaufwendungen entsprechend zu handeln: Die Belege sind zu kontrollieren, bei Ordnungsgemäßheit freizugeben und der Buchhaltung zu übergeben. Die Freigabe dokumentiert der Mitarbeiter bzw. sein Vorgesetzte durch den Vermerk: »Freigegeben: Unterschrift« auf dem jeweiligen Beleg. N.N. führt stichprobenartig und anlassbezogen Kontrollen durch. Werden der Buchhaltung übergebene Bewirtungsbelege nicht ordnungsgemäß ausgefüllt und/oder sind sie nicht vom jeweiligen Vorgesetzen freigegeben, muss der jeweilige Mitarbeiter mit arbeitsrechtlichen Konsequenzen (insbesondere Abmahnung bis hin zur außerordentlichen Kündigung) rechnen.

3.6 Lohnsteuer: Dienstwagen, Bewirtung, Sachbezüge

Für die Erstellung der Lohnabrechnungen ist die Lohnbuchhaltung zuständig. Sämtliche Mitarbeiter der Lohnbuchhaltung sind verpflichtet, sich regelmäßig fortzubilden. Jeder Mitarbeiter nimmt mindestens an einem externen Seminar pro Jahr teil. Sämtliche Mitarbeiter sind verpflichtet, der Lohnbuchhaltung alle **relevanten Informationen für die Erstellung der Lohnabrechnungen** zur Verfügung zu stellen. Dies gilt insbesondere für

- die Brutto-Listenneupreise von auch privat genutzten Dienstfahrzeigen (1%-Regelung) und die Entfernung zwischen Wohnung und Arbeitsstätte der einzelnen Mitarbeiter;

- Arbeitnehmer-Bewirtungen;
- Sonstige Sachbezüge (z. B. vergünstigter Wareneinkauf durch Mitarbeiter).

N.N. kontrolliert jährlich stichprobeartig mindestens zehn Monats-Lohnabrechnungen, die jeweils unterschiedliche Arbeitnehmer betreffen, und zufällig auszuwählen sind.

Die Stichprobe wird unter Angabe der überprüften Lohnabrechnungen und der sich ergebenden Beanstandungen schriftlich dokumentiert. Die Dokumentation wird von N.N. unverzüglich dem Steuerberater und uns zur Verfügung gestellt. Stellt sich eine Lohnabrechnung als unzutreffend dar, wird die Lohnbuchhaltung in Abstimmung mit N.N. prüfen, ob und wie eine Berichtigung möglich ist und die erforderlichen Schritte einleiten. Etwaige bei den Stichproben erkannte Fehler erörtert N.N. mit der Lohnbuchhaltung, um diese und ähnliche Fehler in der Zukunft zu vermeiden.

3.7 Ordnungsgemäße Kassen- und Kassenbuchführung

Alle relevanten Mitarbeiter werden angewiesen für eine ordnungsgemäße Kassenführung und Kassenbuchführung zu sorgen. Zu beachten sind insbesondere die relevanten Vorschriften der Abgabenordnung und die GoBD. Bei der Kassen- und Kassenbuchführung gilt (vgl. https://www.datev.de/dnlexom/client/app/index.html#/document/1080608, dort insbesondere Ziff. 3.11):

Alle baren Geschäftsvorfälle werden über die Kasse abgewickelt und im Kassenbuch aufgezeichnet. Das Kassenbuch ist dabei nach den Grundsätzen ordnungsmäßiger Buchführung (GoB und GoBD) elektronisch zu führen. Im Einzelnen:

- Die Grundsätze der Wahrheit, Klarheit und fortlaufenden Aufzeichnung (§ 239 Abs. 2 HGB; § 146 Abs. 1 AO; Rz. 36 bis 57 GoBD) werden stets berücksichtigt. Die Kassenaufzeichnungen müssen vollständig (mit ausreichender Bezeichnung des Geschäftsvorfalls), richtig und geordnet vorgenommen werden. Kasseneinnahmen und Kassenausgaben werden täglich festgehalten (Rz. 48 GoBD). Eine Kasse darf bei taggenauen Überprüfungen keine Minusbestände (Kassenminus) aufweisen.
- Die Kassensturzfähigkeit des Systems ist gewährleistet. Die Kassenaufzeichnungen müssen so beschaffen sein, dass der Soll-Bestand des Kassenbuchs jederzeit mit dem Ist-Bestand der Barkasse verglichen werden kann (tägliches Aufzeichnungsgebot).

Es gilt dabei eine Verfahrensdokumentation anzufertigen, die im Einzelnen enthält (in Anlehnung an Teutemacher, Handbuch zur Kassenführung, S. 120 ff.:

- Benennung der Art der Kasse (Elektronische Registrierkasse, PC-Kasse, Tablet-Kasse);
- Name des Kassenaufstellers;
- Liste der Software-Updates;
- Anzahl der Kassen und Standort;
- Darstellung der Art der Branchensoftware;
- Auflistung der Organisationsunterlagen (Bedienungsanleitung, Änderungslisten, Programmierprotokolle);
- Darstellung des internen IKS in Bezug auf die Kassen;
- Benennung der Zugriffsrechte der Mitarbeiter;
- Darlegung der Art der Datensicherung und -archivierung.

N.N. schult die Buchführung und die die Kassen bedienenden Mitarbeiter mindestens jährlich über die Voraussetzungen einer ordnungsgemäßen Kassen- und Kassenbuchführung. Sollte eine Kassen-Nachschau (§ 146b AO) stattfinden, werden sämtliche Mitarbeiter angewiesen, dem bzw. den erscheinenden Amtsträgern keinerlei Auskunft zu erteilen und unverzüglich N.N. und/oder uns hinzuziehen.

3.8 Fristenkontroll- und Wiedervorlagesystem

Es besteht bei N.N. ein EDV-gestütztes professionelles Fristenkontroll- und Wiedervorlagesystem. Die Fristen und Wiedervorlagen sowie der hierfür jeweils zuständige Mitarbeiter und sein Vertreter werden in der EDV erfasst. Zwei Wochen und eine Woche vor Fristablauf sowie am Tag des Fristablaufs selbst erinnert das System den zuständigen Mitarbeiter und seinen Vertreter an die Frist.

Insbesondere werden folgende Fristen erfasst:
- Fristen für die Umsatzsteuervoranmeldungen;
- Frist zur Anmeldung der Lohnsteuer (für die Mitarbeiter der Lohnbuchhaltung);
- Fristen für die Einkommensteuervorauszahlungen
- Fristen für die Gewerbesteuervorauszahlungen;
- Fristen für die Umsatzsteuervorauszahlungen;
- Fristen für die Zahlung der Lohnsteuer.

Der Steuerberater prüft das Vorliegen weiterer relevanter Fristen (insbesondere die Fristen zur Abgabe von Steuererklärungen und Rechtsbehelfsfristen) und nimmt diese ebenfalls in das Fristenkontrollsystem auf. Entsprechend bisheriger Vorgehensweise zieht das Finanzamt fällige Steuern und Vorauszahlungen automatisch ein. N.N. überwacht in Abstimmung mit der Buchhaltung die Richtigkeit der Abbuchungen.

3.9 Überwachung und Verbesserung

Wir streben eine ständige Verbesserung unseres Risikosystems an. Es ist von daher unser Bestreben, gemeinsam mit unseren Mitarbeitern und dem Steuerberater das System ständig zu überwachen und zu verbessern.

3.10 Information der Mitarbeiter

Im Rahmen der nächsten Betriebsversammlung werden wir dieses Steuer-Risikosystem den Mitarbeitern vorstellen. Jeder Mitarbeiter erhält den Ausdruck der Steuerrichtlinie und quittiert den Empfang. Weiterhin wird die Steuerrichtlinie im Intranet unter … für alle Mitarbeiter eingestellt. Über Änderungen informiert N.N. sämtliche Mitarbeiter per E-Mail mit der Prioritätsstufe »Hoch/Wichtig«.

Teil III: Checklisten

Erfassung Ist-Situation vor Tax CMS

- Welche Abteilungen bzw. Mitarbeiter haben mit Steuern und Abgaben zu tun (Steuerabteilung, Immobilienabteilung/Grundsteuer, Logistik/Zoll und Einfuhrumsatzsteuer …)?
- Welche Informationen stellt das Rechnungswesen bereit und welche nicht? Welche sind relevant?
- Welche Tatbestände sind steuerlich interessant (etwa für Verrechnungspreise)?
- Welche steuerlichen Risiken bestehen?
- Wer stellt die steuerlichen Risiken fest?
- Wem werden die steuerlichen Risiken berichtet?
- Wer erhält wie und wann Informationen über Steuern in Erst- bzw. Fortbildung?
- Wer erhält wie und wann relevante steuerliche Neuerungen bekannt gegeben?
- Wann und wie werden steuerliche Neuerungen mit Relevanz für das Unternehmen in Verbindung gebracht?
- Welche steuerlichen Grundsätze gelten für das Unternehmen und warum?
- Wann sind Steuerplanungen, etwa bzgl. Rechtsformwahl oder Standortwahl, vorzunehmen und zu überprüfen?
- Wann werden Investitions- bzw. Finanzrechnungen unter steuerlichen Gesichtspunkten vorgenommen und wann überprüft?
- Welche Informationen sind für steuerliche Zwecke wie relevant?
- Wer legt die Relevanz fest und wer überprüft sie?
- Wer beobachtet die (Steuer-)Gesetzgebung, Verwaltung und die Rechtsprechung und wer hält wie Kontakt zu diesen?

Steuerrisiken: Themengebiete

- Umsatzsteuer: Ordnungsgemäßheit der Eingangs-Rechnungen
- Umsatzsteuer: korrekte umsatzsteuerliche Einordnung von Reihengeschäften und auslandsbezogenen Sachverhalten insgesamt
- Umsatzsteuer: unbeabsichtigte Teilnahme an einem Umsatzsteuer-Karussell
- Umsatzsteuer/Körperschaft-/Gewerbesteuer: Fehler bei Verrechnungspreisen
- Körperschaft-/Gewerbesteuer, ggf. Umsatzsteuer: verdeckte Gewinnausschüttungen
- Körperschaft-/Gewerbesteuer: Falsche Zuordnung nicht abzugsfähiger Betriebsausgaben, insbesondere Bewirtung
- Lohnsteuer: Dienstwagen, Bewirtung, Sachbezüge
- Ordnungsgemäße Kassen- und Kassenbuchführung
- Fristenkontroll- und Wiedervorlagesystem

Ziele des Tax CMS

- Vermeidung steuerlicher Nebenleistungen durch rechtzeitige Abgabe aller relevanten Steuererklärungen und -voranmeldungen sowie Einhaltung der Zahlungsfristen insbesondere durch ein professionelles Wiedervorlage- und Fristenkontrollsystem;
- Monatliche Stichproben der Buchhaltung auf Ordnungsgemäßheit der Rechnungen nach Maßgabe der umsatzsteuerlichen Vorschiften;
- Vereinbarung eines turnusgemäßen »Tax Health Check« (in der Regel alle drei Jahre) als Zielvereinbarung mit den Geschäftsführern aller in- und ausländischen Tochtergesellschaften;
- Jährliche Meldung der Steuerrisiken durch die Geschäftsführer aller in- und ausländischen Tochtergesellschaften;
- Korrekte und zeitnahe Meldung nicht abzugsfähiger Betriebsausgaben (Bewirtung, Geschenke), insbesondere aus dem Vertrieb;
- Sicherstellung der Einhaltung lohnsteuerlicher Regelungen, insbesondere im Zusammenhang mit Dienstreisen, Spesen und bei der Kfz-Überlassung;
- Sicherstellung angemessener Verrechnungspreise (arm`s length) bei unternehmensgruppeninternen Leistungen;
- Sicherstellung der rechtzeitigen Abgabe aller relevanten Steuererklärungen und -voranmeldungen;
- Sicherstellung der Einhaltung steuerlicher Fristen (z. B. Behaltefristen);
- Ordnungsgemäße Kassenführung, insbesondere bei Bargeld-lastigem Geschäft.

Bestandteile des Tax-Compliance-Leitbildes (schlagwortartig)

- **Kultur**: »Wir zahlen Steuern – und halten uns dabei an Recht und Ordnung«
- **Ziele**: »Wir leben steuerlich gesund und beugen Risiken vor«
- **Organisation**: »Wir arbeiten vertrauensvoll mit dem richtigen Steuerberater zusammen«
- **Risiken**: »Wir wollen die Risiken kennen und einschätzen lernen, um optimal reagieren zu können.«
- **Programm**: »Wir sind bereit eine steuerliche Steuerung des Unternehmens einzurichten und zu akzeptieren.«
- **Kommunikation**: »Wir lernen, auch über Steuern im Unternehmen zu reden.«
- **Überwachung und Verbesserung**: »Der Weg ist das Ziel – das Ziel ist das steuerliche Optimum.«
- **Auslagerung**: »Wir sind bereit abzugeben und zuzuhören.«
- **Externe Prüfung**: »Wir sind bereit, uns auch steuerlicher Kritik zu stellen.«

Tax-Compliance-Kultur bei einem mittelgroßen Unternehmen

- umfassende »Steuerrichtlinie« fertigen
- Übergabe an Mitarbeiter in:

  - Steuerabteilung/«Steuer-Lotse«
  - Einkauf
  - Vertrieb
  - Controlling
  - Buchhaltung
- Quittung der Übergabe
- Schulung/Seminare der betreffenden Mitarbeiter
- regelmäßige Überarbeitung der Steuerrichtlinie
- Aufnahme in den Arbeitsvertrag, jedenfalls bei Neueinstellungen
- »Steuerliche Vorschriften sind bei der Tätigkeit nach bestem Wissen und Gewissen zu beachten«
- Implementierung des Tax CMS dokumentieren

Tax-Compliance-Kultur bei einem kleinen Unternehmen
- »Steuerrichtlinie« auf wenigen Seiten durch den Steuerberater anfertigen lassen
- Übergabe an alle Mitarbeiter und »Steuer-Lotsen«
- Quittung der Übergabe
- Schulung des Steuer-Lotsen
- jährliche Überprüfung der Steuerrichtlinie bei Jahresgespräch
- Dokumentation der regelmäßigen Besprechung mit Steuerberater

Tax-Compliance-Organisation
- Auswahl eines geeigneten Steuerberaters
  Vom Steuerberater wird häufig auf das Unternehmen geschlossen. Seriosität des Beraters ist deshalb sehr wichtig.
- Rechtzeitige und vollständige Unterlagen- und Informationsweitergabe an den Steuerberater
  Es ist zu klären, wer hierfür verantwortlich ist und wie diese Weitergabepflicht kontrolliert wird.
- Überwachung des Steuerberaters
  Auf Seiten des Unternehmens ist zu beobachten, ob der Steuerberater seinen Aufgaben/Versprechungen nachkommt.
- Vertretungsregelungen, insbesondere für Urlaub und Krankheit des kaufmännischen Leiters und des »Steuer-Lotsen«
  Das Wissen und die Erfahrung mit Steuern ist auf mehrere Schultern zu verteilen. Gerade der Vertreter ist geeignet, im Gespräch mit dem »Steuer-Lotsen« Feedback zu geben und von dessen Erfahrungen zu profitieren.
- Sicherstellung der ordnungsgemäßen Kassen- und Kassenbuchführung durch entsprechende schriftlich fixierte Handlungsanweisungen an die Mitarbeiter und Kontrollen durch die Geschäftsleitung

Je wichtiger Bargeld im Unternehmen ist, desto wichtiger ist die Ordnungsmäßigkeit dieses Bereichs zu beachten, zu kontrollieren und zu schulen. Es empfiehlt sich die Auseinandersetzung mit der entsprechenden Literatur (etwa Teutemacher, Handbuch der Kassenführung).

- Je nach Unternehmensgröße kann ein Vier-Augen-Prinzip empfehlenswert sein. Alle Bereiche, die als risikobehaftet gelten, sind durch die Einbeziehung weiterer Personen nach dem Vier-Augen-Prinzip zu kontrollieren. Dies beinhaltet im Übrigen auch die Offenheit gegenüber Dritten (Finanzamt, Steuerberater).

Tax-Compliance-Organisation adaptiert für mittelgroße Unternehmen

- Schaffung einer Konzernsteuerrichtline, auch unter Zusammenfassung etwaiger bisheriger Einzelrichtlinien;
- Klare Definition der Verantwortlichkeiten, auch in der Konzernrichtlinie;
- Einführung bzw. Optimierung des Meldewesens (»Reporting-Prozesse«) zwischen der zentralen Finanzabteilung, der Steuerabteilung und den Tochtergesellschaften;
- Umsetzung der GoBD-Vorgaben;
- Prozessoptimierung im Bereich der Umsatzsteuer (dazu näher Bleckmann, BB 2017, 354);
- Vereinheitlichung und Weiterführung der Verrechnungspreisdokumentation im internationalen Kontext

(vgl. Kroll in IDW (Hrsg), Tax Compliance, 91, 104).

Tax-Compliance-Organisation adaptiert für kleine Unternehmen

- Erstellung wichtiger steuerlicher Grundregeln (durch Steuer-Lotsen oder Steuerberater), die im Betrieb unbedingt zu beachten sind;
- Benennung des Steuer-Lotsen (ggf. Einstellung bzw. Schulung einer geeigneten Person);
- Schulung der Mitarbeiter in risikorelevanten Bereichen (Umsatzsteuer, Lohnsteuer, nichtabziehbare Betriebsausgaben, Kasse).

Tax Compliance in Handwerksbetrieben: Risikobehaftete Themengebiete

- Abgabe von Steuererklärungen;
- Einhaltung der Buchführungs- und Aufzeichnungspflichten sowie Aufbewahrungspflichten;
- Einhaltung der Steuerzahlungspflichten;
- Einhaltung der Mitwirkungspflichten und der Wahrheitspflicht;
- Ordnungsgemäßheit der Eingangs-Rechnungen (§§ 14, 14a UStG);
- Korrekte umsatzsteuerliche Einordnung von Reihengeschäften und auslandsbezogenen Sachverhalten insgesamt;

- Unbeabsichtigte Teilnahme an einem Umsatzsteuer-Karussell;
- Verrechnungspreise;
- Verdeckte Gewinnausschüttungen (z. B. durch zu hohe Gesellschafter-Geschäftsführer-Gehälter und/oder unangemessene Dienstfahrzeuge);
- Pensionszusagen;
- Lohnsteuer (Dienstwagen, Bewirtung etc.);
- Nicht abzugsfähige Betriebsausgaben, insbesondere Bewirtung und Geschenke

(nach Jobe/Rotbart (in IDW (Hrsg.), Tax Compliance, 80 ff.).

Tax-Compliance-Programm

- **Präventive Maßnahmen:**
  - Erstellung von Richtlinien und fachlichen Anweisungen;
  - Bereitstellung von Checklisten;
  - Schulungen;
  - Kommunikation von Rechtsänderungen;
  - Zuständigkeitsregeln, Funktionstrennungen;
  - Vertretungsregelungen;
  - Unterschriftsregelungen;
  - Berechtigungskonzepte (z. B. Zugriff auf Daten, Akten etc.);
  - Dokumentationsanweisungen;
  - Beschreibung der Aufgaben, die auf externe Dienstleister übertragen werden, und der Schnittstellen zu diesen Dienstleistern;
  - Sicherstellung, dass zuständige Mitarbeiter stets auf Richtlinien und Organisationsanweisungen zugreifen können.
- **Kontrollierende Maßnahmen:**
  - Prozessintegrierte Kontrollen (z. B. Vier-Augen-Prinzip);
  - Systematische Auswertung von Daten auf Besonderheiten (Verprobungen, sonstige Plausibilitätsbeurteilungen);
  - Organisatorische und/oder technische Kontrollen (z. B. IT zur Überwachung, automatisierte Plausibilitätskontrollen, Aussteuerung von Geschäftsvorfällen zur manuellen Prüfung etc.);
  - Anlassbezogene oder stichprobenhafte Untersuchung, ob das Tax-Compliance-Programm den betroffenen Mitarbeitern bekannt ist.
- **Weitere wesentliche Aspekte:**
  - Ein professionelles Fristenkontrollsystem für die Abgabe von Steuererklärungen und -voranmeldungen sowie für die fristgerechte Bezahlung von Steuern;
  - Die professionelle Überwachung sonstiger steuerlicher (Behalte-)Fristen, z. B. im Hinblick auf einbringungsgeborene Anteile, für Zwecke der Erbschaftsteuer (Lohnsummenregelung) oder für Zwecke der Investitionsplanung (§ 6 b EStG).

Tax-Compliance-Kommunikation

- Festlegung von Berichtsanlässen, Berichtsinhalten und Berichtszuständigkeiten,
- Instruktionsprozesse (Arbeitsanweisungen etc.),
- Kommunikationsmittel (Newsletter, Mitarbeiterschulung etc.),
- Festlegung der Verantwortlichkeiten für die Tax-Compliance-Kommunikation,
- Verantwortlichkeiten bei Schnittstellen zwischen bspw. der Steuerabteilung, dem Risiko-Management, dem Compliance-Officer und der internen Revision benennen.

Tax Compliance-Überwachung und Verbesserung

- Festlegung der Zuständigkeiten für die Tax-Compliance-Überwachung;
- Entwicklung eines Überwachungsplans;
- Bereitstellung von ausreichend erfahrenen Mitarbeitern für die Durchführung der Überwachungsmaßnahmen;
- Untersuchungen durch die interne Revision, sofern vorhanden;
- Erstellung von Berichten über die Ergebnisse der Überwachungsmaßnahmen und Auswertung der Berichte durch die zuständige Stelle (z. B. Steuerabteilung);
- Überwachungsmaßnahmen in Bezug auf:
  - Einhaltung der Maßnahmen des Tax-Compliance-Programms,
  - Überprüfung der Prozessabläufe in angemessenen Abständen,
  - Wahrnehmung notwendiger Schulungs- bzw. Fortbildungsmaßnahmen,
  - Schnittstellen zu den externen Dienstleistern.

Mögliche Aufgaben des steuerlichen Beraters

- Prüfung der Prozessabläufe auf steuerliche Relevanz;
- Erstellung der Steuerrichtlinie;
- Hilfe bei der Auswahl und Weiterbildung des Steuer-Lotsen;
- Bericht mit Vorschlägen zur Errichtung eines Tax CMS;
- Entwicklung eines Steuer-Führerscheins;
- Stichprobenartige Untersuchung der betrieblichen Vorgänge auf Risikoerfassung im Zusammenhang mit der Erstellung von Steuererklärungen;
- Schulung von Mitarbeitern und Unternehmensleitung in steuerlichen Fragen;
- Steuerliches Jahresgespräch unter Risikoaspekten mit Unternehmensleitung und Mitarbeitern;
- Weiterbildung organisieren und aktuelle Informationen vorbereiten;
- Vorbeugende Betriebsprüfung bzw. Nachschauen organisieren.

Teil IV: Anhang: »Hinweise der Bundessteuerberaterkammer für ein steuerliches innerbetriebliches Kontrollsystem – Steuer-IKS«

Hinweise der Bundessteuerberaterkammer für ein steuerliches innerbetriebliches Kontrollsystem – Steuer-IKS

Gliederung

Präambel

1 Mit dem Anwendungserlass des BMF vom 23. Mai 2016 zu § 153 AO[1] ist die Implementierung eines schriftlich dokumentierten innerbetrieblichen Kontrollsystems – Steuer-IKS, das der Erfüllung der steuerlichen Pflichten dient, verstärkt in den Fokus der steuerlichen Beratung gerückt. Die Finanzverwaltung hat darin im Hinblick auf die erforderliche Abgrenzung zwischen der Berichtigung einer fehlerhaften Steuererklärung und einer strafbefreienden Selbstanzeige festgestellt, dass die Einrich-

1 BStBl. I 2016, S. 490.

tung eines innerbetrieblichen Kontrollsystems ein Indiz sein könne, das gegendas Vorliegen eines Vorsatzes oder der Leichtfertigkeit spreche.

2 Die Dokumentation eines Steuer-IKS ist keine steuerrechtliche Verpflichtung; sie ist gleichwohl aus Beweisgründen zu empfehlen. Aus dem Fehlen eines dokumentierten Steuer-IKS kann nicht auf das Vorliegen eines Vorsatzes oder auf Leichtfertigkeit geschlossen werden.

3 Neben dem Anwendungserlass zu § 153 AO ergibt sich die Bedeutung eines dokumentierten internen Kontrollsystems insbesondere aus folgenden Regelungen:
- In den »Grundsätzen zur ordnungsgemäßen Führung und Aufbewahrung von Büchern, Aufzeichnungen und Unterlagen in elektronischer Form sowie zum Datenzugriff (GoBD)« vom 14. November 2014 wird ein internes Kontrollsystem für die Einhaltung der Ordnungsvorschriften des § 146 AO gefordert.
- Eine Verpflichtung zu Aufsichts- und Kontrollmaßnahmen könnte sich für Inhaber eines Betriebes oder Unternehmens aus § 130 des Gesetzes gegen Ordnungswidrigkeiten (OWiG) ergeben. Dieser fordert die Einrichtung von Aufsichtsmaß- nahmen, die sicherstellen, dass Zuwiderhandlungen gegen Pflichten unterbleiben, die den Inhaber treffen und deren Verletzung mit Strafe oder Geldbuße bedroht ist. Die Verpflichtung trifft alle Unternehmen und alle Unternehmensbereiche.
- Darüber hinaus besteht seit 1999 eine Verpflichtung zur Einrichtung eines internen Kontrollsystems für Aktiengesellschaften und Gesellschaften mit beschränkter Haftung nach § 91 Abs. 2 AktG i. d. F. des Gesetzes zur Kontrolle und Transparenz im Unternehmensbereich (KonTraG). Danach hat der Vorstand geeignete Maßnahmen zu treffen, insbesondere ein Überwachungssystem einzurichten, damit den Fortbestand der Gesellschaft gefährdende Entwicklungen früh erkannt werden.

4 Das Vorhandensein eines dokumentierten Steuer-IKS befreit nicht von einer Prüfung des jeweiligen Einzelfalls und soll laut Aussagen von Vertretern der Finanzverwaltung auch keinen Einfluss auf die Prüfungsauswahl oder den Prüfungsturnus haben. Die Finanzverwaltung nimmt auch keine Zertifizierung bestehender Systeme vor.

5 Das IDW hat mit Stand vom 31. Mai 2017 den IDW-Praxishinweis 1/2016 »Ausgestaltung und Prüfung eines Tax Compliance Management Systems gemäß IDW PS 980« veröffentlicht.[2] »Innerbetriebliches Kontrollsystem« i. S. d. § 153 AO soll sich danach unter Berücksichtigung von rechtlichen und betriebswirtschaftlichen Grundsätzen als ein auf die Einhaltung steuerlicher Vorschriften gerichteter Teilbereich eines Compliance Management Systems (CMS) verstehen. Die vom IDW getroffenen Aussagen lassen sich in kleineren Unternehmen nur analog umsetzen.

2 IDWLife, Heft 07.2017, S. 837 ff.

6 Ein Arbeitskreis der Bundessteuerberaterkammer hat sich mit dem Thema auseinandergesetzt, was für Konsequenzen aus dem BMF-Schreiben und dem IDW-Praxishinweis für Steuerberater und ihre Mandanten zu ziehen sind. Die vorliegende Veröffentlichung enthält Hinweise, wie der Berufsstand mit dem Thema »steuerliches innerbetriebliches Kontrollsystem – Steuer-IKS« umgehen sollte. Diese Hinweise sind weder abschließend noch verbindlich.

Teil I: Grundlagen und Einordnung

a) Definition, Aufgabe und Abgrenzung eines steuerlichen innerbetrieblichen Kontrollsystems – Steuer-IKS

7 Ein steuerliches innerbetriebliches Kontrollsystem – Steuer-IKS – wird nachfolgend verstanden als ein auf die Einhaltung steuerlicher Vorschriften gerichtetes System, das aus einer Reihe von einzelnen, aufeinander abgestimmten Bearbeitungs- und Kontrollschritten zur Fehlervermeidung und -aufdeckung sowie zur Risikominimierung besteht.

8 Ziel ist die Erstellung und fristgerechte Einreichung richtiger Steuererklärungen sowie die Erfüllung der übrigen steuerlichen Pflichten.

9 Durch die Dokumentation des Steuer-IKS kann der Geschäftsführer eines Unternehmens einen Nachweis erbringen, dass er Maßnahmen ergriffen hat, um seinen gesetzlichen Verpflichtungen nachzukommen.

10 Mit der Verwendung des Begriffs »Steuer-IKS« wird in pragmatischer Weise den hierzu einschlägigen steuerrechtlichen Quellen und Normen gefolgt, insbesondere dem Anwendungserlass des BMF vom 23. Mai 2016 zu § 153 AO. Auch in den GoBD werden die auf die Einhaltung der Ordnungsmäßigkeitsanforderungen zielenden Maßnahmen – historisch seit Jahrzehnten unverändert und im deutschen Sprachraum weit verbreitet – als IKS bezeichnet. Insofern dürften der Begriff und das Konzept des IKS im Berufsstand sowie auch in kleinen und mittelständischen Unternehmen (KMU) derzeit auf ein unmittelbareres Verständnis stoßen als der Begriff des »Compliance Systems«.

11 Je nach Begriffsverständnis und Konzept kann ein Steuer-IKS als Teil eines Tax Compliance Management Systems (TCMS) eines Unternehmens verstanden werden. Dabei zielt das Konzept des Compliance Systems über die reinen prozess- bzw. systemintegrierten Maßnahmen hinaus. So setzt ein TCMS z.B. insbesondere auch auf Leitbild und Kultur eines Unternehmens auf und soll auch deren praktische Umsetzung sicherstellen.

12 In KMU sind in sich geschlossene und dokumentierte Compliance Systeme bisher selten anzutreffen. Zudem fallen bei abnehmender Unternehmensgröße die dokumentierten Elemente eines solchen Systems mit denen eines Steuer-IKS tendenziell zunehmend zusammen. Denn in der heute gängigen Praxis besteht das Steuer-IKS häufig aus einer Vielzahl einzelner Maßnahmen, die als System und in ihrer Doku-

mentation nicht »geschlossen« sind oder gar nur auf regelmäßig gelebten Regeln fußen. Darüber hinaus gehende Elemente eines Compliance Systems werden dann regelmäßig nur durch die Einstellung und Haltung sowie die tatsächliche Übung der Unternehmensführung selbst repräsentiert, z. B. durch die Einstellung zur Einhaltung steuerlicher Vorschriften und deren gelebter Aufmerksamkeit dazu.

13 Aufgrund der aufgezeigten praxisorientierten Sicht wird im Folgenden trotz der zweckmäßigen konzeptionellen Abgrenzung zwischen TCMS und Steuer-IKS im Hinblick auf die hier verfolgten Zwecke der Begriff des »Steuer-IKS« in den Mittelpunkt der Ausführungen gestellt. Dessen Existenz, Ausgestaltung und regelmäßige Anwendung ist die Basis für die Reduzierung von Risiken im Kontext der Erfüllung steuerlicher Pflichten.

b) Rolle des Steuerberaters

14 Für KMU sind Steuerberater in vielen Bereichen und weit über das Steuerrecht hinaus der erste Ansprechpartner. Für kleine Unternehmen ersetzen sie eine eigene Steuerabteilung und wickeln von der buchhalterischen Erfassung bis zur Erstellung des Jahresabschlusses und der Steuererklärung die gesamte Bandbreite oder doch wesentliche Teile der Steuer-Prozesse ab.

15 In der Regel verfügen die Mandanten über ein Steuer-IKS; dies ist nicht immer ausreichend dokumentiert und systematisiert. Es besteht zwar keine steuergesetzliche Verpflichtung, ein schriftlich dokumentiertes Steuer-IKS einzurichten. Steuerberater sollten ihre Mandanten aber darauf hinweisen, dass ein dokumentiertes Steuer-IKS nach Auffassung der Finanzverwaltung dazu beitragen kann, eine ordnungsmäßige und zweckentsprechende Abwicklung aller relevanten Prozesse sicherzustellen und damit auch den Vorwurf einer Steuerhinterziehung schon im Ansatz zu entkräften.

16 Steuerberater können folgende Aufträge zur Unterstützung ihrer Mandanten übernehmen:

a) ein Steuer-IKS aufzubauen und einzuführen; außer bei Neugründungen wird es sich dabei um die Dokumentation und Systematisierung vorhandener Kontrollmaßnahmen handeln,
b) ein bestehendes dokumentiertes Steuer-IKS daraufhin zu überprüfen, ob es angemessen ausgestaltet und wirksam ist, insbesondere ob es die bestehenden Risiken ausreichend abdeckt und ob das Steuer-IKS ausreichend und zutreffend dokumentiert ist.

17 Davon zu unterscheiden ist die Übertragung von (regelmäßigen) Aufgaben, wie z. B. der Lohn- und Finanzbuchhaltung, auf den Steuerberater. Dies ist eine Maßnahme im Rahmen des Steuer-IKS des Mandanten. Damit wird der Steuerberater Teil der Struktur des Steuer-IKS des Mandanten. Der Mandant wird insoweit von einer weitergehenden Dokumentation entlastet. Zu dokumentieren sind die Schnittstellen zwischen Mandant und Steuerberater.

18 Der Steuerberater ist nach wie vor dem Interesse seines Mandanten verpflichtet und wird nicht zum Erfüllungsgehilfen der Finanzverwaltung. Auch im Rahmen des Steuer-IKS richtet sich die Anwendung der Steuergesetze am Gesetz aus, nicht an der Verwaltungsauffassung. Steuergesetze dürfen innerhalb des rechtlich möglichen Rahmens zugunsten des Unternehmens ausgelegt werden.

19 Steuerberater sind an ihre berufsrechtlichen Pflichten gebunden. Dazu gehört die Verpflichtung zur unabhängigen, eigenverantwortlichen und gewissenhaften Berufsausübung. Als Organ der Steuerrechtspflege achten Steuerberater darauf, die Steuererklärungen für ihre Mandanten pünktlich, vollständig und inhaltlich richtig fertigzustellen und andere steuerliche Pflichten zu erfüllen. Bei Unstimmigkeiten oder Unklarheiten sorgen sie in Rücksprache mit ihren Mandanten für eine zutreffende Sachverhaltsaufklärung, um die korrekten steuerlichen Konsequenzen ziehen zu können. Diese rechtliche Stellung des Steuerberaters kann dem Mandanten auf Wunsch bescheinigt werden (vgl. Bescheinigung am Ende des Anhangs).

Teil II: Mögliche Auftragsverhältnisse

20 Die Verantwortung für das Steuer-IKS des Steuerpflichtigen und für seine inhaltliche Beschreibung liegt immer beim gesetzlichen Vertreter des Unternehmens. Ob ein System dokumentiert wird und wie es sinnvollerweise ausgestaltet sein sollte, kann nur einzelfallbezogen entschieden werden.

a) Aufbau und Einführung eines Steuer-IKS

21 Beauftragt ein Unternehmen seinen Steuerberater damit, es bei der Einführung bzw. dem Aufbau eines dokumentierten Steuer-IKS zu unterstützen, sollte die dabei zu beachtende Aufgabenteilung konkret schriftlich festgehalten werden. Der Steuerberater kann dabei beratend, analysierend, moderierend, dokumentierend und/oder prüfend tätig werden. Art und Weise der Tätigkeit und die Leistungsart sind möglichst konkret zu definieren. Je nach Auftrag ergeben sich unterschiedliche Folgen für Verantwortung und Haftung.

b) Überprüfung eines bestehenden dokumentierten Steuer-IKS

22 Ein Steuerberater kann beauftragt werden, ein eingeführtes dokumentiertes Steuer-IKS dahingehend zu überprüfen, ob es von seiner Konzeption her geeignet ist, Fehler zu vermeiden oder aufzudecken. In diesem Fall kann der Steuerberater z. B. folgende Leistungen erbringen:

- Überprüfen der Risikoeinschätzung des Unternehmens auf Plausibilität,
- Überprüfen der vorgesehenen Maßnahmen auf Angemessenheit und Wirksam-

keit, z. B. der eingesetzten Arbeitsanweisungen, Merkblätter, Einsatz des Vier-Augen-Prinzips, Kontrollschritte und der eingesetzten IT,
- Überprüfen der Dokumentation auf Angemessenheit, insbesondere auch auf Nachvollziehbarkeit und Aktualität.

Teil III: Steuerliches innerbetriebliches Kontrollsystem – Steuer-IKS

23 Die folgenden Ausführungen können als Anhaltspunkte für die Einrichtung (vgl. Rz. 25 ff.) und Prüfung (vgl. Rz. 22) eines Steuer-IKS dienen.

24 Damit ein Steuer-IKS im Unternehmen gelebt werden kann, muss es an die Besonderheiten des jeweiligen Unternehmens und an seine Organisationsstruktur angepasst sein. Wichtig ist, bestehende Ansätze schrittweise weiter zu entwickeln. Im Einzelnen sollten dazu folgende Grundsätze beachtet werden:

1. Angemessenheit: Es muss so einfach sein, dass es vom Unternehmen auch im täglichen Geschäftsbetrieb umgesetzt und gelebt werden kann.
2. Verantwortlichkeit: Es muss klare Verantwortlichkeiten schaffen und benennen und diese nach innen und außen deutlich kommunizieren.
3. Risikoadäquanz: Es setzt dort an, wo die wesentlichen steuerlichen Risiken für das Unternehmen liegen. Diese Risiken müssen daher identifiziert, bewertet und mit entsprechenden Maßnahmen belegt werden.
4. Kontinuität: Der Aufbau eines Steuer-IKS ist kein einmaliger, sondern ein fortlaufender Prozess.
5. Nachvollziehbarkeit: Es wird durch die Beschreibung der Prozesse, Kontrollen und Überwachungsmaßnahmen nachvollziehbar und nachprüfbar gemacht.

a) Aufbau und Einführung eines Steuer-IKS

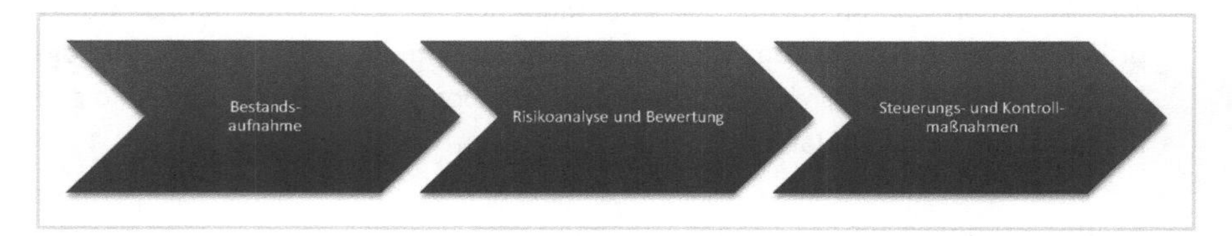

25 Für den Aufbau und die Einführung eines dokumentierten Steuer-IKS sind zunächst folgende Schritte vorzunehmen:

26 **Bestandsaufnahme:** Bei den Vorüberlegungen zum Aufbau eines dokumentierten Steuer-IKS ist zu bedenken, dass im Unternehmen üblicherweise bereits verschiedene Maßnahmen implementiert sind, um z. B. Belege zu erfassen, zu bearbeiten und aufzubewahren und Fristen einzuhalten sowie übrige Sachverhalte zutreffend festzuhalten und steuerrechtlich einzuordnen. Die Erfassung und Dokumentation

des Ist- Zustandes sollte daher in der Regel den ersten Schritt darstellen, von dem ausgehend über das weitere Vorgehen entschieden wird.

27 Im Rahmen eines Steuer-IKS werden Aufgaben und Kontrollen delegiert. Um dies nachvollzierbar und nachprüfbar zu machen, müssen

- die Aufbauorganisation des Unternehmens (welche Abteilungen gibt es im Unternehmen; in welchem Verhältnis stehen sie zueinander?) und
- die Ablauforganisation des Unternehmens (wer macht wann was?)

untersucht und die bestehenden Verantwortlichkeiten klar zugewiesen werden.

28 Einzelne Prozesse (z. B. Betriebsveranstaltungen, Rechnungserstellung, Rechnungsprüfung) sind im Unternehmen genauer zu analysieren. Dabei werden auch Schnittstellen zu vor- und nachgelagerten Bereichen untersucht sowie erwartete Zwischenergebnisse und Verantwortlichkeiten für die einzelnen Prozessschritte verdeutlicht.

29 Um Prozesse fehlerfrei und effizient auszuführen, müssen jedem Mitarbeiter seine Aufgaben klar zugewiesen sein. Es muss eindeutig geregelt sein, welcher Mitarbeiter, für welche Aufgaben im Prozessablauf verantwortlich ist.

30 **Risikoanalyse und -bewertung:** In einem nächsten Schritt erfolgt die Risikoidentifikation und -bewertung. Die Risiken sind in hohem Maße von

- der Größe des Unternehmens,
- der Branche,
- der Komplexität der Geschäftsvorfälle,
- der Standardisierbarkeit der Geschäftsvorfälle,
- dem Grad der Internationalisierung und
- dem Ausmaß der Delegationsquote

abhängig. Die Risikobewertung ist in angemessenen Abständen zu wiederholen.

31 Für die Identifikation der steuerlichen Risiken in einem Unternehmen kann an die Bestandsaufnahme angeknüpft werden. Die Risikobetrachtung ist unter Rückgriff auf allgemeine Erkenntnisse, eigene Erfahrungen sowie auf Ergebnisse vergangener steuer- und sozialversicherungsrechtlicher Außenprüfungen vorzunehmen.

32 Die Untersuchung der Risikofelder des Unternehmens stellt einen geeigneten Ausgangspunkt für die Risikoanalyse dar. Die typischen Risikofelder eines Unternehmens können aus den verschiedenen Steuerarten abgeleitet werden. Einige sind z. B. in nachfolgendem Schaubild abgebildet. Je nach Größe, Komplexität und Internationalität eines Unternehmens kann die Systematisierung nach Steuerarten jedoch zu kurz greifen. Dann kann es erforderlich werden, sowohl übergreifendere als auch speziellere Risikofelder zu betrachten. Beispielhaft seien genannt: Erfüllung von Aufbewahrungspflichten, Verrechnungspreise, externe steuerliche Berichterstattung, latente Steuern, Betreuung von Betriebsprüfungen (ggf. auch in mehreren Staaten), Regeln und Handhabung der Kommunikation mit der Finanzverwaltung (z. B. Einsprüche, Rechtsbehelfe).

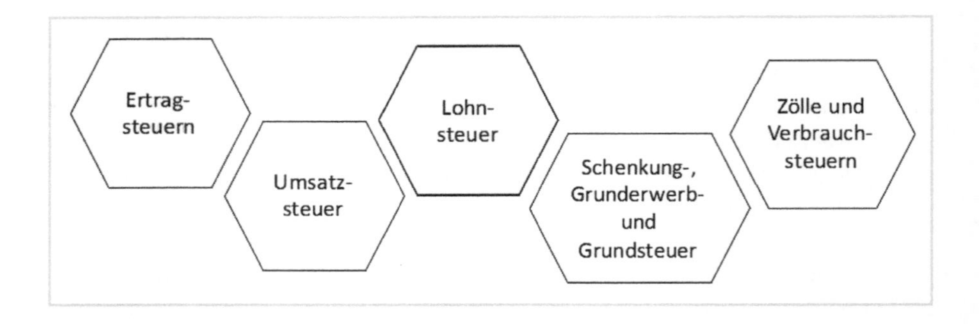

33 Es ergeben sich beispielsweise im Risikofeld Lohnsteuer u.a. folgende Risikobereiche:

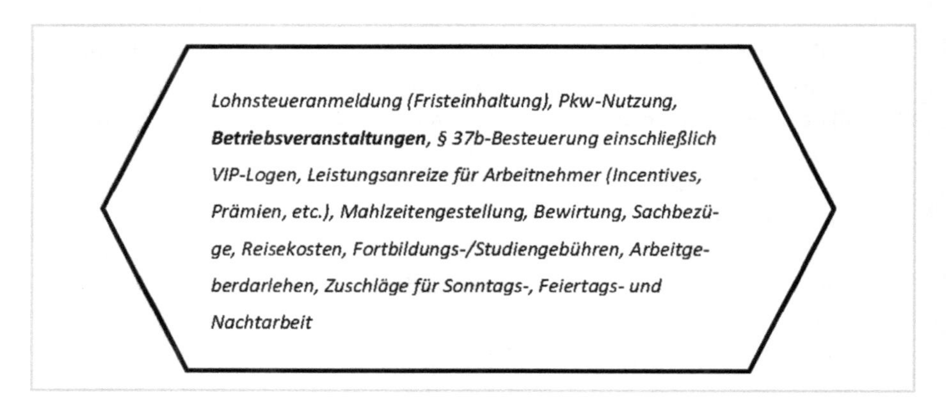

Es ist zu prüfen, welche der Risikobereiche im Unternehmen vorliegen. Relevante Risikobereiche sind im Rahmen des Steuer-IKS zu berücksichtigen.

34 Bei der Risikobewertung sind die Eintrittswahrscheinlichkeit und das mögliche Schadensausmaß zu berücksichtigen. Begonnen werden sollte mit Maßnahmen in den Be- reichen, die für das Unternehmen besonders hohe Risiken bergen. Dabei ist allerdings zu berücksichtigen, dass es Risiken gibt, die zwar eine niedrige Eintrittswahrscheinlichkeit haben, aber aufgrund ihrer Tragweite unbedingt vermieden werden müssen.

35 Es sind zwei verschiedene Risikokonstellationen zu unterscheiden:

- Es liegen Massensachverhalte vor, die im Unternehmen routinemäßig abgearbeitet werden. Wenn hier einmal eine falsche Weichenstellung vorgenommen wird, kann dies über die hohen Fallzahlen große finanzielle Belastungen nach sich ziehen. Diese Konstellation ist vor allem im Bereich der Umsatzsteuer und der Lohnsteuer gegeben.

- Es liegen **Einzelsachverhalte** vor, die für sich gesehen große finanzielle Auswirkungen haben oder für die keine größeren Erfahrungen im Unternehmen vorliegen. Dabei kann es sich z. B. um den Kauf oder Verkauf eines Grundstücks oder um eine erstmalige Geschäftsaufnahme im Ausland handeln.

36 Der Einsatz von IT bei der Erfüllung der steuerlichen Pflichten (insbesondere in der Rechnungslegung) hat Auswirkungen auf ihre Risiken. Durch IT können Einzelsachverhalte ohne große finanzielle Auswirkungen zu Massensachverhalten werden, die im Rahmen des Steuer-IKS berücksichtigt werden müssen. Wurden Geschäftsvorfälle früher einzeln verarbeitet, werden sie durch Massenverarbeitungsverfahren heute im Stapel verarbeitet. Dadurch steigt das Schadensausmaß bei der falschen Parametrisierung solcher Verfahren, weil diese zur Weichenstellung für viele Geschäftsvorfälle werden.

37 Durch den Einsatz von IT können zusätzliche Aufgaben entstehen, die durch Kontrollen überwacht werden müssen. Es können sich Unternehmensprozesse verändern, die sich auf die Risiken auswirken. Oder durch die Verkettung von IT-Systemen können am Übergabepunkt Schnittstellenrisiken entstehen.

Beispiele:

- *Teilweise sind zusätzliche Aktionen durch die digitale Arbeitsweise notwendig. So verlangen z. B. Buchhaltungssysteme eine Festschreibung, wodurch eine nicht protokollierte Veränderung der Ausgangsdaten ausgeschlossen wird. Die zeitgerechte Durchführung dieser Aktion stellt ein neues Risiko dar, welches kontrolliert werden muss. Die IT-Sicherheit hat direkte Auswirkungen auf die Belegfunktion und muss daher geprüft werden.*
- *Für Daten mit Belegcharakter gelten strenge gesetzliche Anforderungen. Insbesondere muss die Entstehung der Daten nachvollziehbar und nachprüfbar sein. Dazu sind in der Regel gesonderte Vorkehrungen zu treffen, da Daten auf IT- Systemen originär flüchtig sind. Dadurch gewinnt die Authentifizierung und Autorisierung sowie die IT-Sicherheit bei solchen IT-Systemen an Bedeutung.*
- *Wurden früher IT-Systeme zur Unterstützung einzelner Aufgaben eingesetzt, unterstützen diese heute ganze Wertschöpfungsketten (auch über Unternehmensgrenzen hinaus). Dabei tauschen einzelne Systeme (deren originäre Aufgabe oft nicht die Rechnungslegung ist) Daten aus, auf deren Grundlage Nachsysteme andere Aufgaben erfüllen oder unterstützen. Der Datenaustausch wird dadurch kritisch, denn Fehler wirken sich dabei auf die steuerlichen Pflichten aus, sobald diese Systeme Kontaktpunkte zu den steuerlichen Pflichten haben. Durch die Verkettung der Systeme entstehen Schnittstellenrisiken, die beachtet werden sollten.*

38 **Steuerungs- und Kontrollmaßnahmen:** Um konkret identifizierte und quantifizierte Risiken zu beherrschen, werden im Unternehmen geeignete Steuerungs- und Kontrollmaßnahmen implementiert. Diese können manueller oder automatisierter Natur sein, sie können präventiv oder detektivisch vorgenommen werden.

- Präventive Maßnahmen verhindern den Fehler bereits im Vorfeld und sind meist prozessintegriert. Dabei kann es sich z. B. um die Erstellung von Richtlinien, Bereitstellung von Checklisten, Schulungen, Berechtigungskonzepte, Vertretungs- oder Unterschriftsregelungen handeln.
- Detektivische Maßnahmen decken entstandene Fehler auf, bevor oder auch nachdem sie sich in der Buchhaltung auswirken können. Diese können auf Prozess- oder Unternehmensebene implementiert werden. Beispiele wären Kontrollen wie das Vier-Augen-Prinzip, das Verproben von Daten oder automatisierte Plausibilitätskontrollen.

39 Die jeweilige Maßnahme liegt in der Verantwortlichkeit einer eindeutig definierten Person. Diese ist entsprechend einzuweisen, zu schulen und fortzubilden.

40 Es ist darauf zu achten, dass die Maßnahmen effizient sind. Kontroll- und Steuerungsmaßnahmen können ihre Wirksamkeit nur dann entfalten, wenn sie kontinuierlich und sorgfältig auf allen Ebenen durchgeführt sowie systematisch ausgewertet und auf ihre Wirksamkeit hin überprüft werden.

41 Durch diese Überprüfung ist gewährleistet, dass ein kontinuierlicher Verbesserungsprozess eingeleitet wird, durch welchen identifizierte Mängel abgestellt werden und zugleich die Entstehung neuer Mängel vermieden wird. Die Maßnahmen beziehen sich auf alle Ebenen und alle Aufgabenbereiche des Unternehmens.

42 Die Ergebnisse der Bestandsaufnahme, der Risikoanalyse und der Maßnahmen können für das Beispiel Ertragsteuern-Betriebsausgaben/Bewirtungskosten (Risikofeld-Risikobereich) in der folgenden Struktur dargestellt werden:

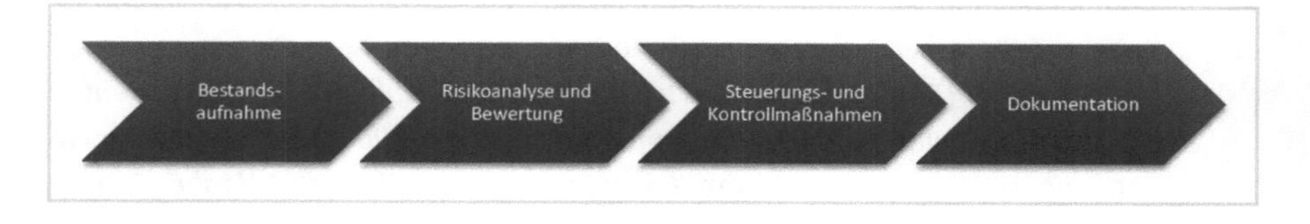

Im Nachgang zu oben im Beispiel angegebenen präventiven Maßnahmen können auch detektivische Maßnahmen ergriffen werden.

43 Zusammenfassend können bei Aufbau und Einführung eines Steuer-IKS z. B. folgende Leitfragen unterstützen:

- Bestandsaufnahme:
  - Welche Prozesse sind im Bereich der Steuern im Unternehmen etabliert?
  - Sind die Prozesse und/oder die Verantwortlichkeiten bereits dokumentiert?

  - Existiert bereits eine Verfahrensdokumentation, auf welche zurückgegriffen werden kann (z. B. nach den GoBD)?
  - Wer ist für welche einzelnen Schritte verantwortlich?
  - Welche Konsequenzen wurden aus bereits aufgetretenen Fehlern gezogen?
  - Welche Aufgaben können delegiert werden?
- Risikoanalyse und -bewertung:
  - Welche Risiken aus dem Steuerbereich sind für das Unternehmen zu erkennen?
  - Welche Fehler haben in der Vergangenheit zu spürbaren Steuernachzahlungen oder anderen Auffälligkeiten im Besteuerungsverfahren geführt?
  - Welche Bereiche sind besonders fehleranfällig?
  - Welche Risiken sind von besonderer finanzieller Reichweite?
  - Gegen welche Risiken müssen vordringlich Maßnahmen ergriffen werden?
- Steuerungs- und Kontrollmaßnahmen:
  - Welche Prozesse, Maßnahmen und Berichtswege sind von wem, wie, bis wann umzusetzen?
  - Sind alle benötigten Ressourcen vorhanden bzw. wie werden diese beschafft?
  - Wer ist für die Umsetzung verantwortlich?
  - Wer informiert und schult die betroffenen Mitarbeiter?
  - Wer stellt fest, ob die Prozesse, Maßnahmen und Berichtswege wie gefordert umgesetzt wurden und dauerhaft beachtet werden?
  - Welche Rolle spielt ggf. der Steuerberater?
  - Wenn der Steuerberater in die Prozesse eingebunden ist: Wie sehen die Schnittstellen zu ihm aus und wie sind sie dokumentiert?

44 Aufgrund der Komplexität der Sachverhalte und des Umfangs und der Reichweite der Materie kann es kein allgemeingültiges Muster für ein Steuer-IKS und keinen allgemeingültigen Lösungsansatz geben, der auf alle Fälle anwendbar wäre. In die Entscheidung darüber, welche Maßnahmen ggf. zu implementieren sind, sind auch Kosten-Nutzen-Abwägungen einzubeziehen.

b) Dokumentation eines Steuer-IKS

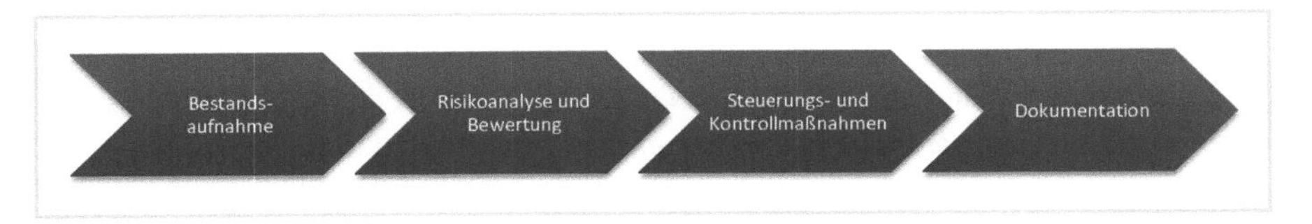

Zum Erfordernis der Dokumentation vgl. Rz. 2

45 Ob eine übergeordnete zusammenfassende, in sich geschlossene Beschreibung des Steuer-IKS erfolgen sollte, richtet sich u. a. nach den oben dargestellten Komplexitätsfaktoren.

Ein Steuer-IKS könnte z. B. auch durch folgende Unterlagen repräsentiert werden:

- Checklisten,
- Prüf- und Kontrollschemata,
- Arbeitsanweisungen,
- Programmier- und Verarbeitungsanweisungen,
- Zugangskontrollen,
- Schulungsunterlagen,
- Protokolle und
- Zuweisung von Verantwortlichkeiten.

46 Unabdingbar ist eine Darstellung der bestehenden Maßnahmen und Verantwortlichkeiten. Diese sollten in geeigneter Form gegliedert werden, z. B. nach dem Risikofeld und dem Risikobereich. Eine Verknüpfung der eingeführten Steuerungs- und Kontrollmaßnahmen mit den Prozessschritten kann sinnvoll sein. Wie die Dokumentation konkret ausgestaltet wird (Diagramme, Fließtexte, schematische Darstellungen), richtet sich nach dem Einzelfall. Es gibt keine formalen Vorgaben.

47 Nicht alle Unterlagen, die im Rahmen der Einführung eines Steuer-IKS erstellt wurden, gehören in die Dokumentation des eingerichteten Systems.

c) Die Rolle des Steuerberaters im Rahmen eines bestehenden Steuer-IKS

48 Im Rahmen eines bestehenden Steuer-IKS kann das Unternehmen die erforderlichen Maßnahmen selber durchführen oder sie ggf. auf geeignete Personen übertragen.

49 Soweit Aufgaben an einen Steuerberater übertragen werden, beschränkt sich die Dokumentation des Steuer-IKS beim Mandanten auf den Hinweis der Zuständigkeit des Steuerberaters (vgl. Rzn. 17, 50). Die Beschreibung der Schnittstellen zwischen dem Steuerberater und dem Mandanten ist im Rahmen eines Steuer-IKS des Mandanten zu dokumentieren. Dabei ist zu beachten, dass nicht gesamte Prozesse, sondern nur Teilaufgaben delegiert werden können, und dass bestimmte Aufgaben nicht delegierbar sind (z. B. Rechnungseingangskontrolle).

50 Die jeweilige Rolle des Steuerberaters z. B. bei der Lohnbuchführung, Finanzbuchhaltung und der Steuerdeklaration ist zu definieren. Dabei ist die Verteilung der Aufgaben und internen Verantwortlichkeiten exakt abzugrenzen und zu dokumentieren.

Beispiel:
Im Rahmen des Steuer-IKS wird festgelegt, ob bei einer Betriebsveranstaltung die Finanzbuchhaltung des Unternehmens oder der Steuerberater dafür verantwortlich ist,

die Gesamtkosten je anwesendem Teilnehmer zu ermitteln und den Vorsteuerabzug für bezogene Leistungen zu prüfen.

51 Der Steuerberater muss seinen Mandanten auf festgestellte Fehler und auf notwendige Anpassungen in den Schnittstellen und in deren Dokumentation hinweisen.

52 Soweit der Steuerberater Aufgaben im Rahmen des Steuer-IKS eines Mandanten übernimmt – z. B. die formale Prüfung von Eingangsrechnungen für Vorsteuerzwecke –, ändert sich an seiner Rolle nichts Grundlegendes gegenüber der bisherigen Situation. Wie stets hat er die auftragsgemäß übernommenen steuerlichen Aufgaben sorgfältig und gewissenhaft zu erfüllen und trägt dafür die Verantwortung.

53 Übernimmt der Steuerberater die Erbringung von Dienstleistungen, an die (Teil-)Aufgaben des Steuer-IKS gekoppelt sind, nimmt er bereits aus berufsrechtlichen Verpflichtungen eine Risikobeurteilung mit konkreten Maßnahmen vor. Der Mandant kommt mit der Beauftragung des Steuerberaters seinen eigenen Verpflichtungen im Rahmen eines Steuer-IKS nach (zur Dokumentation vgl. Rzn. 17, 50).

d) Bedeutung von IT-Einsatz

54 Besonders wirksam sind Maßnahmen eines Kontrollsystems immer dann, wenn sie fest im Verarbeitungsablauf integriert sind und somit regelmäßig und mit gleichbleibender Qualität ausgeführt werden. Dies ist vor allem beim Einsatz von IT-gestützten Kontrollaktivitäten gegeben. Diese konzentrieren sich heute ganz überwiegend auf Routineprozesse.

55 Im Bereich der Eingabe-, Import- und Erfassungsprozesse seien beispielhaft Format-, Plausibilitäts-, Vergleichs- und Zeitreihenkontrollen genannt. Diese sollen dazu dienen, den Eingang fehlerhafter oder unvollständiger Daten in die Verarbeitung von vornherein zu verhindern oder unplausible Daten zu hinterfragen. So stellen Validierungen bereits bei der Eingabe präventiv Plausibilität sicher, oder automatisierte Datenauswertungen sowie Datenabgleiche erleichtern die detektivische Fehlervermeidung. Beispielhaft seien Plausibilitäten bei der Erfassung von USt- oder Vorsteuer- Sätzen, bei der Relation von Brutto- und Nettogrößen, bei der Verifizierung von USt-ID-Nummern sowie bei der Verwendung von Konten/Gegenkonten beim Anfall von USt-Sachverhalten genannt. In der Regel sind solche Kontrollaktivitäten bereits fester Bestandteil der eingesetzten Software oder können mit Hilfe der Software parametrisiert werden.

56 Im Bereich der Verarbeitung und Ausgabe seien beispielhaft Plausibilitäts- und Abweichungsanalysen sowie Schwellenwertvergleiche und Zeitreihenanalysen genannt. Wie der Abgleich von Werten der Buchführung mit denen der Steuerdeklaration, der Vergleich von Werten zur Vorperiode (z. B. Woche, Monat, Jahr) sowie alle Arten von (teil-)automatisierten USt-Verprobungen vor einer Einreichung an die Fi-

nanzverwaltung. Hinzu kommen explizit programmierte Kontrollaktivitäten. Alle diese Aktivitäten sollen dazu dienen, fehlerhafte, unvollständige, unplausible oder risikobehaftete Daten, die bereits gespeichert sind oder verarbeitet werden, zu erkennen. Im Bereich der Buchführung gibt es beispielsweise bereits zahlreiche Programme bzw. Routinen, die durch systematische Auswertung von Massendaten oder durch gezielte Abarbeitung von z. B. regelbasierten Plausibilitätsprüfungen automatisierte Kontrollaktivitäten wahrnehmen können. Dafür bieten einschlägige Anbieter Prüfsoftware an, die so oder ähnlich auch von der Finanzverwaltung eingesetzt wird und häufig schon mit vorgeschlagenen (Muster-)Prüfroutinen ausgestattet ist.

57 Je vollständiger einzelne Verarbeitungsprozesse schon durch IT abgewickelt werden, desto besser können IT-gestützte Kontrollaktivitäten wirken.

Beispiel:
Durch den IT-Einsatz in der Beschaffung, hat sich z. B. der Beschaffungsprozess stark verändert. In der Vergangenheit sequentielle Prozessschritte können nun parallel ablaufen. Wurde früher die sachliche Prüfung der Rechnung und der Abgleich mit der Zahlung rechnungsorientiert durchgeführt, setzen sich zunehmend Three-Way-Matches durch. Dabei werden Bestellungen, Zahlungen und Rechnungen automatisiert abgeglichen.

Sofern bestimmte Prozesse oder Kontrollschritte nicht vollständig automatisiert werden können, sind auch Checklistensysteme sehr geeignet, eine standardisierte, vollständige und dokumentierte Verarbeitung sicherzustellen.

58 IT-gestützte Kontrollaktivitäten weisen i. d. R. folgende Vorteile auf:

- einfache Dokumentation (z. B. anhand der Standard-Programmdokumentation),
- einfacher Nachweis ihrer regelmäßigen Durchführung und Wirksamkeit durch Protokollierungsroutinen,
- automatisierte Meldungen bzw. Verfahren bei festgestellten Auffälligkeiten und Regelverstößen und somit die Möglichkeit, Fehler zeitnah zu beseitigen oder den Grund der Auffälligkeiten zeitnah zu dokumentieren,
- wirtschaftlicher Einsatz.

59 Wie bei manuellen Prozessen sind auch bei IT-gestützten Prozessen besonders die Schnittstellen zwischen den Systemgrenzen sowie zwischen Mandantensystem und Kanzleisystem zu beachten.

60 Auch bei der Überprüfung eines bestehenden Steuer-IKS kann der Einsatz von IT bei der Datenanalyse zweckmäßig und wirtschaftlich sein; vor allem dann, wenn es sich um Massendatenverarbeitung handelt, z. B. bei Buchführungs-, Lohnabrechnungs- und USt-Voranmeldungs-Prozessen. Die hierfür einsetzbare Prüfsoftware wurde oben unter Rz. 56 bereits angesprochen.

Teil IV: Erläuternde Beispiele[3 4]

a) Modul zur Umsatzsteuer

Risiko-feld	Risikoanalyse				Maßnahme	Verant-wort-licher	Anmerkung
	Risiko-bereich	Nr	Risiko-faktor	Bewer-tung			
USt	Bestel-lung	1.	Beleg-sicherung		Geordnete Ablage in DMS, vgl. Ver-fahrensdoku-mentation		
		2.	Rechnungs-eingangs-prozess nicht voll-ständig	hoch	Digitale Stempel	Herr X, Vertreter Herr Y	ein Bestandteil der Rechnungseingangs-prüfung, die Ergebnisse werden mit digitalen Stempeln dokumentiert
		3.	Formal falsche Eingangs-rechnung	mittel	Checkliste Rechnungs-vorausset-zungen	Frau M	Gefährden den VSt-Abzug, steuerstrafrecht-liches Risiko, auch bei Verträgen
		4.	Leistung ist nicht ausrei-chend be-schrieben	mittel	Richtlinien		
		5.	Vorsteuer-ausweis auf Rechnung unrichtig	hoch	Angepasstes Prüfschema	Herr Z	Schema beruht auf Analyse Kreditoren mit typischen Geschäfts-vorfällen
		6.	Neuer Ge-schäftsvor-fall wird falsch ge-würdigt	hoch	Prüfschema mit Eskalati-onsstufe	Herr Z, Steuer-berater S	

3 Die unterschiedliche Darstellungsweise bei den folgenden Beispielen aus dem Bereich der Umsatzsteuer und der Lohnsteuer ist bewusst gewählt, um zu verdeutlichen, dass die Art der Dokumentation frei wählbar ist und an die Präferenzen des jeweiligen Unternehmers angepasst werden kann. Es gibt kein verbindliches Muster für alle.

4 Für Beispiele aus dem Bereich der Ertragsteuern (Rückstellungen, Umgang mit Gewinnausschüttungen, mit Auslandssachverhalten etc.) wird auf die Literatur verwiesen. Diese Hinweise können, wie bereits einleitend dargestellt, nur Anregungen geben und beanspruchen keine Vollständigkeit.

Risikofeld	Risikoanalyse				Maßnahme	Verantwortlicher	Anmerkung
	Risikobereich	Nr	Risikofaktor	Bewertung			
		7.	Bezahlung durch MA	niedrig	Merkblatt, Prüfung mit Sanktion (Nichterstattung)	Frau F, Herr X	z. B. Reisekosten
		8.	Kreditorenbuchhalter arbeitet nicht sauber	mittel			Stichprobenhafte Kontrolle durch Steuerabteilung bei JA

Beispiel zur Risikoidentifikation im Bereich USt:
Der steuerrechtlichen Prüfung ist eine sachliche und rechnerische Prüfung von Rechnungen vorgeschaltet, auf die im folgenden Beispiel nicht eingegangen wird.

Das Risiko im Bereich Umsatzsteuer wird dadurch erhöht, dass es sich in vielen Fällen um regelmäßig wiederkehrende Geschäftsvorfälle handelt, die – häufig bereits heute – automatisiert verarbeitet werden. Systematische Fehler aufgrund falscher (programmseitiger) Festlegungen bergen daher die Gefahr permanenter Wiederholung.

Vor dem Hintergrund der Bedeutung der Umsatzsteuer für das Unternehmen und für das Steueraufkommen erscheint es jedoch unerlässlich, beispielsweise dem Bereich der Rechnungseingangsprüfung besondere Aufmerksamkeit zu widmen und Kontrollen im Bereich der Erstellung und Verbuchung von Ausgangsrechnungen einzurichten.

Hierbei ist im Rahmen eines Steuer-IKS ein mehrstufiges Kontrollsystem sinnvoll.

Stufe 1 – Formale Kontrollen

1. Eingangsrechnungen

In einer ersten Stufe ist es empfehlenswert, die Eingangsrechnungen anhand einer auf die konkrete Unternehmenstätigkeit zugeschnittenen Checkliste zu überprüfen.

a) Zunächst sind dabei die in den §§ 14, 14a UStG vorgegebenen formalen Rechnungsvoraussetzungen zu prüfen.

Rechnungsangaben (s. dazu auch Abb. 1):

Eine Rechnung ist jedes Dokument, mit dem über eine Leistung abgerechnet wird. Somit können auch Verträge Rechnungen sein und müssen dann die entsprechenden Angaben enthalten. Eine Rechnung über einen steuerbaren Umsatz muss grundsätzlich folgende Informationen enthalten:

- den vollständigen Namen und die vollständige Anschrift des leistenden Unternehmers und des Leistungsempfängers,
- die dem leistenden Unternehmer vom Finanzamt erteilte Steuernummer oder die ihm vom Bundeszentralamt für Steuern erteilte Umsatzsteuer-Identifikationsnummer,
- das Ausstellungsdatum,
- eine fortlaufende Nummer mit einer oder mehreren Zahlenreihen, die zur Identifizierung der Rechnung vom Rechnungsaussteller einmalig vergeben wird (Rechnungsnummer),
- die Menge und die Art (handelsübliche Bezeichnung) der gelieferten Gegenstände oder den Umfang und die Art der sonstigen Leistung,
- den Zeitpunkt der Lieferung oder sonstigen Leistung; in den Fällen des § 14 Abs. 5 Satz 1 UStG den Zeitpunkt der Vereinnahmung des Entgelts oder eines Teils des Entgelts, sofern der Zeitpunkt der Vereinnahmung feststeht und nicht mit dem Ausstellungsdatum der Rechnung übereinstimmt,
- das nach Steuersätzen und einzelnen Steuerbefreiungen aufgeschlüsselte Entgelt für die Lieferung oder sonstige Leistung (§ 10 UStG) sowie jede im Voraus vereinbarte Minderung des Entgelts, sofern sie nicht bereits im Entgelt berücksichtigt ist,
- den anzuwendenden Steuersatz sowie den auf das Entgelt entfallenden Steuerbetrag oder im Fall einer Steuerbefreiung einen Hinweis darauf, dass für die Lieferung oder sonstige Leistung eine Steuerbefreiung gilt,
- in den Fällen des § 14b Abs. 1 Satz 5 UStG einen Hinweis auf die Aufbewahrungspflicht des Leistungsempfängers und
- in den Fällen der Ausstellung der Rechnung durch den Leistungsempfänger oder durch einen von ihm beauftragten Dritten gem. § 14 Abs. 2 Satz 2 UStG die Angabe »Gutschrift«.

Die konkreten Prüfpunkte sind jedoch je nach im Unternehmen vorkommenden Verfahrensweisen und typischen Herausforderungen anzupassen und z. B. um Ausführungen zu Kleinbetragsrechnungen, zur Behandlung von elektronischen Eingangsrechnungen, zur Angabe der Firmenanschrift bei Hotelrechnungen und zur Behandlung von Rechnungen mit ausgewiesener ausländischer Umsatzsteuer zu ergänzen.

Diese Formalien sind seitens der Buchhaltung bei jeder eingehenden Rechnung zu kontrollieren. Auch wenn fehlende Angaben teilweise nachgeholt werden können, muss die Einhaltung dieser Vorschriften bereits bei Vornahme des Vorsteuerabzugs sichergestellt werden, insbesondere, da (rückwirkende) Rechnungskorrekturen aus rechtlichen wie tatsächlichen Gründen (z. B. der Insolvenz des Geschäftspartners) oftmals nicht möglich sind.

Risikobeschreibung:

Die Versagung des Vorsteuerabzuges kann ein erhebliches finanzielles Risiko darstellen und im Falle eines ungenügenden Rechnungskontrollprozesses auch zu steuerstrafrechtlichen Risiken führen. Zusätzlich zur Erhöhung der Kosten infolge des Aufwandes für die an den Geschäftspartner entrichtete Umsatzsteuer sind hierbei die Nachzahlungszinsen zu beachten.

Kann der leistende Unternehmer aufgrund der fehlenden oder unrichtigen Angaben nicht identifiziert werden, drohen zusätzlich weitere ertragsteuerliche und steuerstrafrechtliche Risiken, dies wäre ein eigenes Risikofeld »betrügerische Geschäftspartner«.

Maßnahmen zur Risikovermeidung:

- Für die durchzuführenden Maßnahmen sind die Verantwortlichkeiten klar und eindeutig zu definieren.
- Alle eingehenden Rechnungen/.... % der eingehenden Rechnungen werden vor Bezahlung und Geltendmachung des Vorsteuerabzuges anhand einer Checkliste daraufhin überprüft, ob alle Angaben enthalten sind. Die durchgeführte Prüfung wird dokumentiert und die Dokumentation dieser Prüfung wird entsprechend den Regelungen zur Aufbewahrung der Rechnung aufbewahrt.
  (Verantwortlich: ...)
- Bei neuen Leistungsbeziehungen findet immer eine Überprüfung der ersten zahlungsbegründenden Rechnung bzw. des entsprechenden Vertrages statt. Dieses kann auch im Zusammenhang mit der Anlage des Leistenden in den EDV-Systemen (z. B. Kreditorenstammdaten) erfolgen. Diese Prüfung muss vor der ersten Zahlung erfolgen und ist in geeigneter Form (z. B. Protokollierung der Stammdatenerfassung) zu dokumentieren. (Verantwortlich: ...)
- Soweit die Bezahlung des Leistungsbezugs unmittelbar durch Mitarbeiter(innen) beim Leistungsbezug stattfindet (z. B. Reisekosten), sind diese Mitarbeiter(innen) entsprechend regelmäßig bezüglich der umsatzsteuerlichen Regelungen zu unterrichten bzw. zu schulen und auf entstandene Fehler hinzuweisen. Diese Maßnahmen

müssen dokumentiert werden. (Des Weiteren sollte geprüft werden, ob für den Wiederholungsfall Sanktionen, z. B. keine Erstattung der Auslagen, möglich sind).
(Verantwortlich: ...)

- Werden bei den Prüfungen Fehler festgestellt, ist der leistende Unternehmer zur Rechnungsergänzung oder -berichtigung aufzufordern. Ist eine Rechnungsberichtigung nicht möglich oder nicht realisierbar, ist sicherzustellen, dass kein Vorsteuerabzug vorgenommen wird.
(Verantwortlich: ...)

Generell ist empfehlenswert, regelmäßig und bei Personalwechseln Schulungsmaßnahmen für die Mitarbeiter der Buchhaltung durchzuführen, in der die grundsätzlichen Anforderungen an eine Rechnungsprüfung ebenso wie in der Vergangenheit aufgetretene Schwachstellen im Prüfungs- und Verbuchungsprozess, wie etwa nicht erkannte fehlende Lieferdaten auf Eingangsrechnungen, thematisiert werden und aufgekommene Problemfälle in einem Leitfaden gesammelt werden.

Die Schulungsmaßnahmen sollten unter Bezug auf Inhalte und Teilnehmer dokumentiert werden.

b) Zum Rechnungsprüfungsprozess gehört auch die Prüfung des Vorsteuerausweises (unrichtiger oder unberechtigter Umsatzsteuerausweis).

Risikobeschreibung:

Ein steuerliches Risiko besteht in folgenden Fällen:

- über eine steuerfreie oder im Erhebungsgebiet nichtsteuerbare Leistung wird mit Umsatzsteuer abgerechnet,
- über eine einem ermäßigten Steuersatz unterliegende Leistung wird mit einem höheren Steuersatz abgerechnet oder
- die Rechnung wird einem falschen Besteuerungsland zugeordnet.

Bei einem zu hohen Steuerausweis (Punkte 1 und 2) besteht das Risiko darin, dass ein zunächst vorgenommener Vorsteuerabzug (ex tunc) rückgängig gemacht wird und somit Nach- zahlungszinsen anfallen können. Wird der Bruttorechnungsbetrag nicht korrigiert, erhöhen sich zudem die Kosten der Leistung um die Umsatzsteuer.

Wird die Rechnung einem falschen Besteuerungsland zugeordnet, so ergeben sich zwei mögliche Risiken:

- Soweit das Unternehmen als Leistungsempfänger die Umsatzsteuer schuldet (Reverse Charge), muss – auch bei gleichzeitig möglichem Vorsteuerabzug – sichergestellt werden, dass die Steuer in Deutschland angemeldet und abgeführt wird.
- Die ausgewiesene Vorsteuer darf nicht im Vorsteuervergütungsverfahren bzw. in der Umsatzsteuererklärung des falsch ausgewiesenen Besteuerungslandes geltend gemacht werden.
- (Hinweis: Die Regelungen des deutschen Rechtes sind hier nicht anwendbar, es gelten die steuer- und strafrechtlichen Regelungen des jeweiligen Landes.)

Maßnahmen zur Risikovermeidung:

Zusätzlich zu der oben beschriebenen Prüfung hinsichtlich der Rechnungsangaben sollten folgende Maßnahmen ergriffen werden:
- Die für den Einkauf (Leistungsbezug) verantwortlichen Mitarbeiter/innen sind regelmäßig über die umsatzsteuerlichen Regelungen zu unterrichten bzw. zu schulen. (Verantwortlich: …)
- Bei neuen Geschäftsvorfällen (Inhalt des Geschäfts oder neuer Leistungserbringer) muss im Vorfeld eine umsatzsteuerliche Prüfung anhand einer Checkliste erfolgen. Für Zweifelsfragen muss ein Ansprechpartner (Helpdesk/Steuerberater/in) benannt und bekannt sein. Diese Prüfung ist auch für die Kalkulation der entstehenden Kosten notwendig.
  (Verantwortlich: … /Ansprechpartner/in: …)
- Insbesondere bei Auslandssachverhalten müssen die für den Leistungsbezug verantwortlichen Mitarbeiter/innen unverzüglich auf festgestellte Fehler hingewiesen werden, um eine Wiederholung auszuschließen. (Des Weiteren sollte geprüft werden, ob für den Wiederholungsfall Sanktionen, z. B. keine Erstattung der Auslagen, möglich sind.) (Verantwortlich: …)
- Die entsprechenden Maßnahmen müssen dokumentiert und diese Dokumentation auf- bewahrt werden.
  (Verantwortlich: …)

2. Ausgangsrechnungen
   Risikobeschreibung:

Bei der umsatzsteuerrechtlichen Einordnung der Geschäftsvorfälle bestehen prinzipiell folgende steuerliche Risiken:
- Inlandssachverhalte:
  - zu niedriger Umsatzsteuerausweis (Einordnung als steuerfreie oder ermäßigt besteuerte Leistung) und

- Anwendung des Reverse Charge-Verfahrens (§ 13a UStG), obwohl die Voraussetzungen nicht vorliegen.

(Hinweis: Ein zu hoher Umsatzsteuerausweis (voller Umsatzsteuersatz an Stelle des ermäßigten etc.) stellt kein steuerliches Risiko dar und ist somit nicht Bestandteil des Steuer-IKS. Da dieser Fehler aber zu einer Störung der Kundenbeziehungen führen kann, sollten auch in diesen Fällen Maßnahmen zur Vermeidung ergriffen werden.)

• Auslandssachverhalte:

Wird der Geschäftsvorfall dem falschen Besteuerungsland zugeordnet, führt dies, soweit das Reverse-Charge-Verfahren keine Anwendung findet, zu folgenden Risiken:

- Die unterbliebene Abführung der Umsatzsteuer stellt aus der Sicht des Besteuerungsstaates eine Verkürzung der Umsatzsteuer dar. Zusätzlich zu diesem steuerlichen Risiko besteht die Gefahr, dass aufgrund (abweichender) Verjährungsvorschriften die abgeführte Steuer im falschen Besteuerungsland trotz einer Rechnungsberichtigung nicht zurückgefordert werden kann.
- Eine wegen dieser falschen Zuordnung unterbliebene Registrierung im Besteuerungsland führt ggf. zum Ausschluss des Vorsteuerabzugs für den Zeitraum der unterlassenen Registrierung, wurden Vorsteuerbeträge im Vergütungsverfahren geltend gemacht, können diese dann zurückgefordert werden.
- Wurde aufgrund der falschen Zuordnung in einem anderen Land eine Registrierung vorgenommen, führt der Wegfall der Voraussetzung für diese Registrierung dazu, dass die Vorsteuerbeträge nur im Vergütungsverfahren geltend gemacht werden können. Hierbei sind jedoch die entsprechenden Fristen zu wahren.

(Hinweis: Soweit die Bundesrepublik Deutschland nicht oder nicht allein von den Risiken betroffen ist, kommen ggf. zusätzlich die steuer- und strafrechtlichen Regelungen des jeweiligen Landes zur Anwendung.)

Ausfuhrlieferungen (§ 4 Nr. 1a) UStG) und innergemeinschaftliche Lieferungen (§ 4 Nr. 1b) UStG) sind bei Vorliegen bestimmter Voraussetzungen und entsprechender Nachweise steuerfrei.

- Da die entsprechenden Voraussetzungen bzw. Nachweise zum Teil erst nach erfolgter Lieferung und damit in vielen Fällen erst nach der erfolgten Rechnungsstellung erbracht werden können, besteht das Risiko, dass die Leistungen steuerfrei belassen werden, obwohl die notwendigen Buch- und Belegnachweise nicht vorliegen und nicht mehr erbracht werden können.
- Im umgekehrten Fall (Steuerpflicht statt Steuerfreiheit) besteht, außer dem Risiko der Beeinträchtigung der Kundenbeziehung, das Risiko, dass der Leistungsempfänger aufgrund des falschen Umsatzsteuerausweises die Leistung im Besteuerungsland unversteuert lässt.

Soweit die Risiken zu einer zusätzlichen Steuerbelastung ex tunc führen, lösen sie zusätzlich eine Zinsbelastung aus. Ist eine Berichtigung gegenüber dem Leistungsempfänger nicht (mehr) möglich, führt dieses zusätzlich zu einer Reduzierung der Umsatzerlöse, die das Betriebsergebnis nicht unwesentlich belasten können.

Maßnahmen zur Risikovermeidung:

- **Klassifizierung der Geschäftsvorfälle:**
  Die unterschiedlichen Geschäftsvorfälle des Unternehmens werden zunächst typisiert (Art des Geschäftsvorfalls, typisch betriebliche Bezeichnung) und dann anhand einer Matrix bezüglich ihrer unterschiedlichen umsatzsteuerrechtlichen Behandlung klassifiziert[5]: Die Matrix dient einer ersten Einordnung der Leistungen in bestimmte (umsatzsteuerliche) Klassen.

Typisierte Leistung	Gegenstand der Leistung	Ist der Kunde Unternehmer?	Lieferungen: Bestimmungsort	Werklieferungen: Verschaffung der Vergütungsmacht	Sonstige Leistungen: Ort der Leistung	Umsatzsteuerliche Klassifizierung

  Die Typisierung und die Klassifizierung ist allen Mitarbeitern des Vertriebs, der Fakturierung und des Rechnungswesens bekanntzugeben und zu erläutern.
  (Verantwortlich: …)
  Die bestehenden Geschäftsvorfälle sind hinsichtlich ihrer Typisierung und der durchgeführten Klassifizierung anlassbezogen (Gesetzesänderung, Feststellung im laufenden Prüfungsprozess der Stufe 2) aber zumindest … jährlich zu überprüfen. (Verantwortlich: … /Helpdesk/Steuerberater/in)
- **Laufende Bearbeitung von klassifizierten Geschäftsvorfällen:**
  Soweit bei einzelnen Geschäftsvorfällen, z. B. Ausfuhrlieferungen, weitere Angaben und Nachweise erforderlich sind, werden entsprechende Checklisten allen Mitarbeitern zur Verfügung gestellt.
  In diesen sind die für den jeweiligen Schritt Verantwortlichen festzuhalten. Ein Ge-

5 Der Umfang der Matrix ist abhängig von der Komplexität hinsichtlich der durch das Unternehmen ausgeführten Leistungen. Der dargestellte Aufbau kann daher nur ein Muster darstellen.

schäftsvorfall darf von dem Prozessverantwortlichen erst abgeschlossen werden, wenn alle in der Checkliste enthaltenen Punkte abgearbeitet sind und somit die entsprechende Dokumentation abgeschlossen ist.
(Verantwortlich: ...)
Erfolgt innerhalb einer Frist von ... Wochen kein Abschluss des Geschäftsvorfalls, ist ein benannter Ansprechpartner (Vorgesetzte/r/Helpdesk/Steuerberater/in) zu informieren und die entsprechenden Schlussfolgerungen sind gemeinsam mit ihm*ihr festzulegen. (Verantwortlich: ... /Ansprechpartner/in: ...)
Insbesondere bei Auslandssachverhalten müssen die für den Leistungsbezug verantwortlichen Mitarbeiter/innen unverzüglich auf festgestellte Fehler hingewiesen werden, um eine Wiederholung auszuschließen.
(Verantwortlich: ...)

- **Implementierung neuer Geschäftsvorfälle bzw. -partner:**
  Bei neuen Geschäftsvorfällen (Inhalt des Geschäfts oder neuer Leistungsempfänger bzw. neue Leistungsempfängergruppe) muss im Vorfeld eine umsatzsteuerliche Prüfung anhand einer Checkliste erfolgen. Ziel ist es, diesen Geschäftsvorfall einer entsprechenden Typisierung und damit einer entsprechenden Klassifizierung zuzuführen. Für Zweifelsfragen muss ein Ansprechpartner (Helpdesk/Steuerberater/in) benannt und bekannt sein. Diese Prüfung ist auch für die Kalkulation der Erlöse notwendig.
  (Verantwortlich: ... /Ansprechpartner/in: ...)
  Werden bei der Prüfung in **Stufe 1** Fehler festgestellt, ist der leistende Unternehmer zur Rechnungsergänzung oder -berichtigung aufzufordern. Ist eine Rechnungsberichtigung nicht möglich oder nicht realisierbar, ist sicherzustellen, dass insoweit kein Vorsteuerabzug vorgenommen wird und ggf. die Besteuerung gemäß Reverse Charge-Verfahren (auf den Bruttobetrag) vorgenommen wird.
  (Verantwortlich: ...)

Stufe 2 – Identifikation von nicht plausiblen Buchungen

In regelmäßigen Abständen von ... Monaten sollte im Nachgang zur Verbuchung und den in Stufe 1 beschriebenen Kontrollen eine zusätzliche stichprobenhafte Kontrolle durchgeführt werden.

Die Kontrolle sollte durch den steuerlichen Berater oder eine besonders ausgebildete Person im Unternehmen vorgenommen und im Anschluss dokumentiert werden. Eine solche Prüfung sollte nach Möglichkeit zur Effizienzsteigerung in elektronischer Form durchgeführt werden, um in der Masse der verbuchten Belege zielsicher die potentiell problematischen zu identifizieren und dann überprüfen zu können.

Indizien für eine notwendige Überprüfung können sein:

- die Buchung deutscher Vorsteuer/Umsatzsteuer bei einem ausländischen Geschäftspartner,
- die Buchung ausländischer Vorsteuer/Umsatzsteuer bei einem inländischen Geschäftspartner,
- die Verbuchung von Rechnungen von/an Organgesellschaften mit Vorsteuerabzug/Umsatzsteuer,
- die Verbuchung von Rechnungen, deren Belegdatum nach dem Verbuchungsdatum liegt,
- die Nutzung von unterschiedlichen Steuerkennzeichen bei demselben Geschäftspartner für gleichartige Leistungen,
- die mehrfache Verbuchung derselben Beleg- bzw. Rechnungsnummer.

Des Weiteren kann die Stichprobe anhand der Höhe des Umsatzes bzw. des Vorsteuerbetrages oder durch ein mathematisch-statistisches Verfahren (z. B. Monetary Unit Sampling) bestimmt werden.

Im Rahmen einer stetigen Verbesserung ist es insoweit auch erforderlich, identifizierte Fehler nicht nur unverzüglich zu beseitigen, sondern auch vergleichbare Fälle zu kontrollieren.

Zur Vermeidung sich wiederholender Fehler sollten die mit der Verbuchung und/oder Rechnungsfreigabe betrauten Personen regelmäßig über aufgetretene Auffälligkeiten informiert werden, um das notwendige Problembewusstsein zu schaffen und um anhand eines Beispiels zur zutreffenden Verbuchung die zukünftige, umsatzsteuerlich zutreffende Verfahrensweise zu etablieren.

(Verantwortlich: … /Helpdesk/Steuerberater/in)

c) Modul zur Lohnsteuer

Risikobereiche:

- Verantwortlichkeiten (Vertreterregelungen, Schnittstellenverluste)
- Lohnsteueranmeldung (Fristeinhaltung)
- Pkw-Nutzung
- **Betriebsveranstaltungen**
- § 37b-Besteuerung einschließlich VIP-Logen
- Leistungsanreize für Arbeitnehmer (Incentives, Prämien, etc.)
- Mahlzeitengestellung

- Bewirtung
- Sachbezüge
- Reisekosten
- Fortbildungs- / Studiengebühren
- Arbeitgeberdarlehen
- Beschäftigung externer Dienstleister auf freiberuflicher Basis
- Arbeitnehmerüberlassung
- Mehrfachbeschäftigung
- Abfindungen
- Betriebliche Altersvorsorge
- Lohnzahlung durch Dritte
- Telefonkosten
- Gestellung Arbeitskleidung
- Gruppenunfallversicherung
- Zuschläge für Sonntags-, Feiertags- und Nachtarbeit
- Künstlersozialabgaben
- etc.

Das Beispiel Betriebsveranstaltungen wird in den Abb. 2 bis 5 im Anhang näher ausgeführt.

Fazit

61 Nicht nur im Bereich der Steuern, aber auch dort, wächst seit einiger Zeit der Druck, nicht nur Vorkehrungen für ein ordnungsmäßiges, die Regeln beachtendes Arbeiten in allen Bereichen eines Unternehmens zu treffen, sondern diese Vorkehrungen zu Nachweiszwecken auch zu dokumentieren. Die Anforderungen an solche Dokumentationen werden voraussichtlich zukünftig noch zunehmen, wenn mit zunehmender Digitalisierung Systemprüfungen im Vergleich zu Stichprobenprüfungen an Bedeutung gewinnen.

62 Die Befassung mit einem Steuer-IKS kann dazu beitragen, bestehende Schwachstellen im Unternehmen aufzudecken und Prozesse zu systematisieren. Was im einzelnen Unternehmen genau zu tun ist, kann nur individuell entschieden werden. Auch die Entscheidung, nichts zu tun, ist möglich. Eine solche Entscheidung kann aber erst am Ende einer Befassung mit diesem Thema stehen. Es vollständig zu ignorieren, wäre dagegen fahrlässig.

Abb. 1: Pflichtangaben in Rechnungen (§§ 14, 14a UStG, §§ 31-34 UStDV, A 14.1 und 14a.1 UStAE)

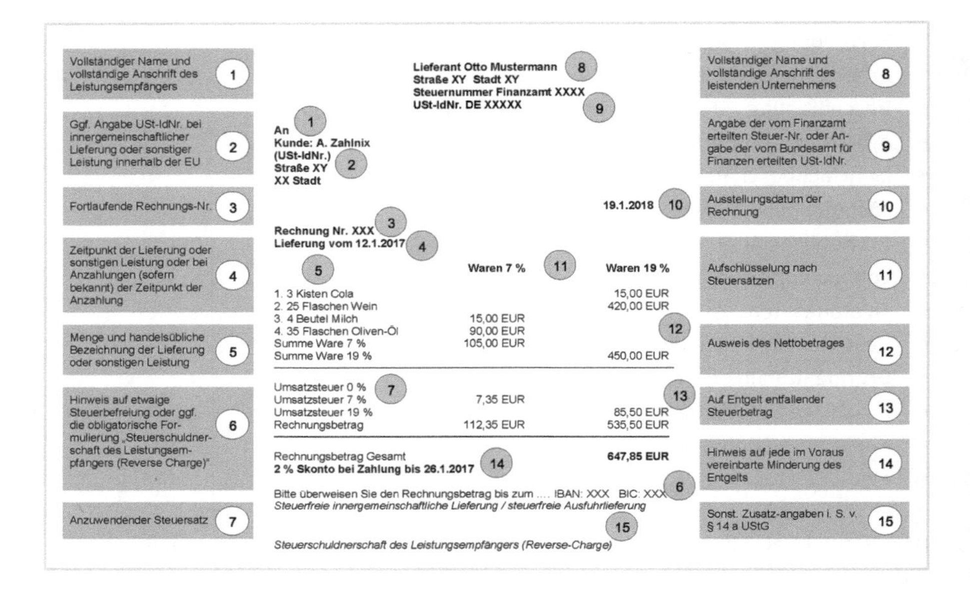

Abb. 2: Lohnsteuer: Beispiel Betriebsveranstaltungen

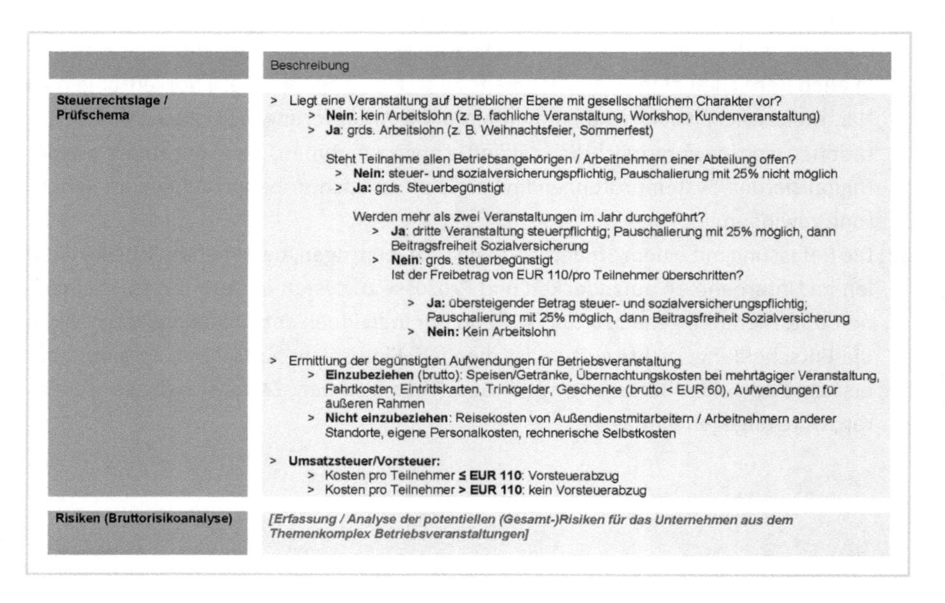

	Beschreibung
Steuerrechtslage / Prüfschema	> Liegt eine Veranstaltung auf betrieblicher Ebene mit gesellschaftlichem Charakter vor? > **Nein**: kein Arbeitslohn (z. B. fachliche Veranstaltung, Workshop, Kundenveranstaltung) > **Ja**: grds. Arbeitslohn (z. B. Weihnachtsfeier, Sommerfest) Steht Teilnahme allen Betriebsangehörigen / Arbeitnehmern einer Abteilung offen? > **Nein:** steuer- und sozialversicherungspflichtig, Pauschalierung mit 25% nicht möglich > **Ja:** grds. Steuerbegünstigt Werden mehr als zwei Veranstaltungen im Jahr durchgeführt? > **Ja**: dritte Veranstaltung steuerpflichtig; Pauschalierung mit 25% möglich, dann Beitragsfreiheit Sozialversicherung > **Nein**: grds. steuerbegünstigt Ist der Freibetrag von EUR 110/pro Teilnehmer überschritten? > **Ja:** übersteigender Betrag steuer- und sozialversicherungspflichtig; Pauschalierung mit 25% möglich, dann Beitragsfreiheit Sozialversicherung > **Nein:** Kein Arbeitslohn > Ermittlung der begünstigten Aufwendungen für Betriebsveranstaltung > **Einzubeziehen** (brutto): Speisen/Getränke, Übernachtungskosten bei mehrtägiger Veranstaltung, Fahrtkosten, Eintrittskarten, Trinkgelder, Geschenke (brutto < EUR 60), Aufwendungen für äußeren Rahmen > **Nicht einzubeziehen**: Reisekosten von Außendienstmitarbeitern / Arbeitnehmern anderer Standorte, eigene Personalkosten, rechnerische Selbstkosten > **Umsatzsteuer/Vorsteuer:** > Kosten pro Teilnehmer **≤ EUR 110**: Vorsteuerabzug > Kosten pro Teilnehmer **> EUR 110**: kein Vorsteuerabzug
Risiken (Bruttorisikoanalyse)	***[Erfassung / Analyse der potentiellen (Gesamt-)Risiken für das Unternehmen aus dem Themenkomplex Betriebsveranstaltungen]***

Abb. 3: Prozessdokumentation Betriebsveranstaltungen (Variante: FiBu und LoBu im Unternehmen)

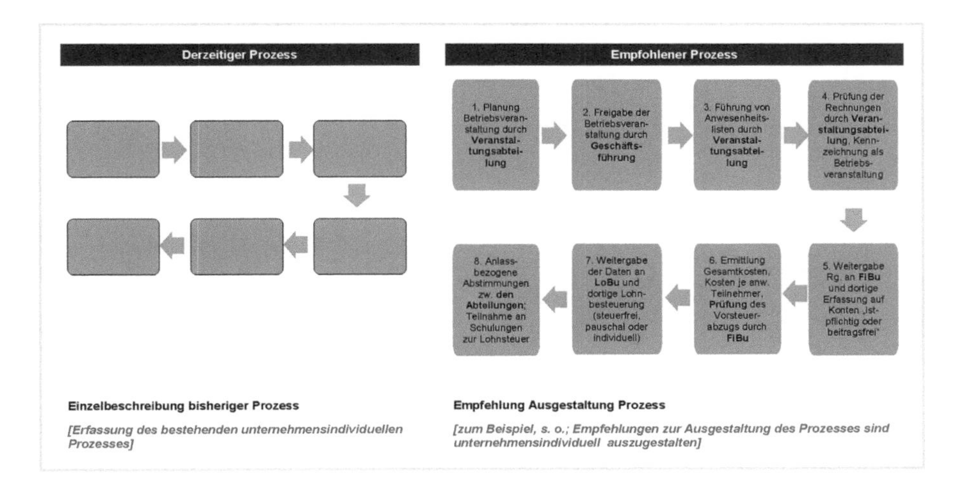

Abb. 4: Prozessdokumentation Betriebsveranstaltungen (Variante: FiBu und LoBu ausgelagert)

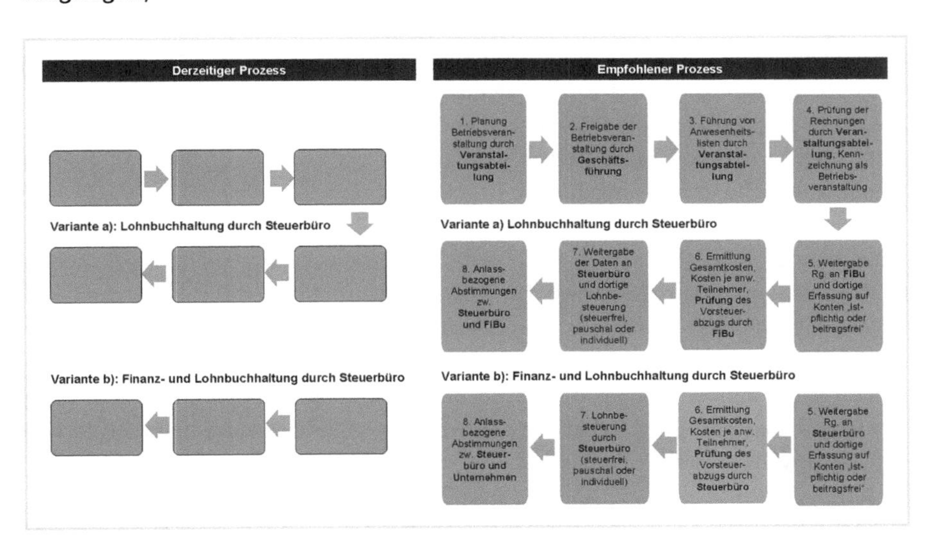

Abb. 5: Laufzettel: Beispiel Betriebsveranstaltungen

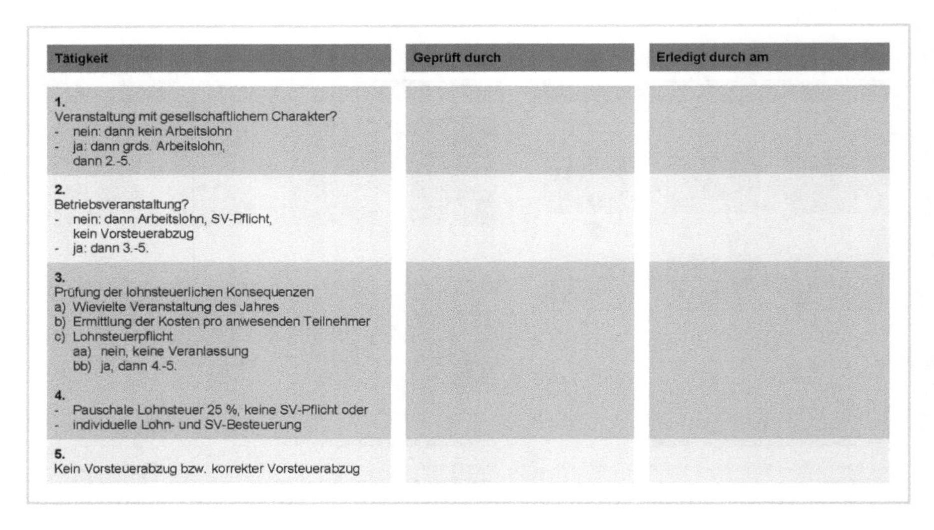

Tätigkeit	Geprüft durch	Erledigt durch am
1. Veranstaltung mit gesellschaftlichem Charakter? - nein: dann kein Arbeitslohn - ja: dann grds. Arbeitslohn, dann 2.-5.		
2. Betriebsveranstaltung? - nein: dann Arbeitslohn, SV-Pflicht, kein Vorsteuerabzug - ja: dann 3.-5.		
3. Prüfung der lohnsteuerlichen Konsequenzen a) Wievielte Veranstaltung des Jahres b) Ermittlung der Kosten pro anwesenden Teilnehmer c) Lohnsteuerpflicht aa) nein, keine Veranlassung bb) ja, dann 4.-5. **4.** - Pauschale Lohnsteuer 25 %, keine SV-Pflicht oder - individuelle Lohn- und SV-Besteuerung		
5. Kein Vorsteuerabzug bzw. korrekter Vorsteuerabzug		

Anlage zu Punkt 19:

Bescheinigung

Steuerberater sind Angehörige eines Freien Berufs und unabhängiges Organ der Steuerrechtspflege. Sie setzen sich für die korrekte Anwendung des geltenden Steuerrechts ein, dazu gehört insbesondere die Erstellung und fristgerechte Einreichung richtiger Steuererklärungen sowie die Erfüllung der übrigen steuerlichen Pflichten. Zudem unterstützt der Berufsstand grundsätzlich jede gezielte Maßnahme zur Bekämpfung von Steuerhinterziehung und -umgehung.

Steuerberater sind Interessenvertreter ihrer Mandanten, aber als Organ der Steuerrechts- pflege auch dem Gemeinwohl und der Rechtsordnung verpflichtet. Steuerberater unterliegen daher besonderen berufsrechtlichen Regelungen und Pflichten. Durch das Steuerberatungsgesetz und die Berufsordnung der Steuerberater sowie die Steuerberatervergütungsverordnung, aber auch durch die staatliche Steuerberaterprüfung werden die Beachtung von Recht und Gesetz und die hohe Qualität ihrer beruflichen Tätigkeit gewährleistet.

Als Steuerberater/in/Steuerberatungsgesellschaft führe/n ich/wir meine Aufträge unter Einhaltung der Grundsätze pflichtgemäßer Berufsausübung sowie unter Beachtung der Verlautbarungen der Bundessteuerberaterkammer aus. Wenn die Durchführung eines Auftrags nach diesen Grundsätzen nicht möglich ist, bin ich verpflichtet, diesen abzulehnen oder unverzüglich zurückzugeben.

Als Steuerberater/in übe ich meinen Beruf unabhängig, eigenverantwortlich, gewissenhaft und verschwiegen aus und bin verpflichtet, die für die gewissenhafte Berufsausübung erforderlichen fachlichen, personellen und organisatorischen Voraussetzungen in meiner Kanzlei zu gewährleisten.

Stempel und Unterschrift

Literatur

Becker/Danielmeyer/Neubert/Unger, »Digitale Offensive« der Finanzverwaltung: Die Schnittstellen-Verprobung (SSV), DStR 2016, 2983

Beyer, Betriebsprüfung – Ablauf und Verhaltensempfehlungen, NWB Nr. 40 vom 01.10.2012, 3259

Bleckmann, Tax Compliance Management Systeme und die Umsatzsteuer – Herausforderung und Chance für die Unternehmen, BB 2017, 354

Bleschick, Der kalkulierte Beanstandungserlass: Kein Nachweis von Mehrergebnissen durch die Summarische Risikoprüfung, DStR 2017, 353

Brinkmann, Schätzungen im Steuerrecht, 4. Aufl., Berlin 2017

DWS (Hrsg.), Merkblatt Nr. 1721, 1

Erdbrügger/Jehke, Einrichtung eines Tax-Compliance-Management-Systems, BB 2016, 2455

Graumann, Controlling, 4. Aufl., Herne 2014

Hammerl/Hiller, Anforderungen an ein modernes Tax Compliance Management System – Geeignete Maßnahmen zur Errichtung und Weiterentwicklung eines innerbetrieblichen Kontrollsystems, NWB vom 14.11.2016, 3448

Hauschka/Mossemayer/Lösler, Corporate Compliance, 3. Aufl., München 2016

Herzig/Zimmermann, Steuercontrolling – Überflüssige Begriffsverbindung oder sinnvolle Innovation?, DB 1998, 1141

Heuel/Konken, Tax Compliance – sinnvoll oder überflüssig?, AO-StB 2017, 345

IDW (Hrsg), Tax Compliance, Düsseldorf 2017

Kulosa, Mathematisch-statistische Schätzungsmethoden in der Betriebsprüfung, DB 2015, 1797

Krumm, Rechtsfragen der digitalen Betriebsprüfung (Summarische Risikoprüfung), DB 2017, 1105

Lück, Gesetzgebungsübersicht | Elemente eines Risiko-Managementsystems, DB 1998, 8

Nöcker, Grundlagen des Vertragscontrollings, BBK 2002, 569

Nowroth, Eine interne Leitlinie als Basis steuerlicher Compliance – Zweck, Anforderungen und Inhalt in der Praxis, NWB Nr. 38 vom 18.09.2017, 2932

Nagel/Waza, Risikomangement beim Steuervollzug – ein Weg aus der Krise!, DStZ 2008, 321, 323

Nöcker/Hüning, Dolus eventualis im Steuerstrafrecht – in dubio contra reo?, AO-StB 2012, 316

Peters, Aktuelles aus der digitalen Außenprüfung, DStR 2017, 1953

Pump/Wähnert, Das BFH-Urteil zum Zeitreihenvergleich als Verprobungs- und Schätzungsmethode – Was bedeuten die Ausführungen für die Praxis?, NWB 2015, 2869

Richter/Welling, Tagungs- und Diskussionsbericht zum 53. Berliner Steuergespräch «Tax Compliance und Steuerstrafrecht«, FR 2015, 297

Scheel u. a., Abgabenordnung und FGO, 17. Aufl., Achim 2018

Schwedhelm, Tax Compliance Management System, GmbH-StB 2017, 83

Sölch/Ringleb, Umsatzsteuer, 84. Aufl., München 2018

Streck/Binnewies, Tax Compliance, DStR 2009, 229

Streck/Mack/Schwedhelm, Tax Compliance, 2. Aufl., Köln 2016

Teutemacher, Handbuch der Kassenführung, 2. Auflage, Herne 2018

Tipke/Kruse, AO/FGO, Loseblatt, September 2018

Wacker, Rechtsschutz bei der Verwendung von »Fragebögen« anlässlich einer Außenprüfung, DStR 2012, 783

Webel/Danielmeyer, Schnittstellenverprobung elektronischer Betriebsverwaltungen – das kommende Standardprüffeld?, StBp 2015, 353

Wenzig, Außenprüfung/Betriebsprüfung, 10. Aufl.; Achim 2014

Stichwortverzeichnis

Werden Sie uns weiterempfehlen?
O Ja
O Nein
O Vielleicht
SCHÄFFER
POESCHEL

SCHÄFFER
POESCHEL